Amazonenwerk

Klaus Dreyer

Die AMAZONE-Chronik

Landwirtschafts*verlag* GmbH
Münster-Hiltrup

Fernsprecher: Amt Osnabrück №645
Telegr.-Adresse
AMAZONENWERK HASBERGEN

Gegründet 1883

H. DREYER

FABRIK
der Getreidereinigungs- u. Sortiermaschine
"Amazone"

Gaste b/ Osnabrück
Post- u. Bahnstation Hasbergen

Fabrikmarke u. Warenzeichen
Amazone

Abtlg I. Getreidereinigungsmaschinen "Amazone"
Abtlg II. Federzahnkultivatoren "Siegfried"

den 1. Januar 1913

Vor einiger Zeit kam ich zu der Erkenntnis, dass jemand aus der Familie Dreyer, der mit der Geschichte der AMAZONEN-WERKE vertraut ist, die Chronik dieser Firma schreiben müsse. Dafür kamen eigentlich nur mein Vetter, DR. HEINZ DREYER, oder ich, KLAUS DREYER, infrage, da wir gemeinsam über 40 Jahre lang die Geschicke und den Werdegang unserer Firma gestaltet haben. Nach einiger Überlegung habe ich diese Aufgabe übernommen.

Die Grundlage dieser Chronik bildet das handgeschriebene Tagebuch meines Großvaters HEINRICH DREYER, dem Gründer der Firma, in welchem er nicht nur den Werdegang seiner Firma bis 1934, sondern auch viele interessante Begebenheiten aus Geschichte und Politik niedergeschrieben hat. Ich habe dann die weitere Entwicklung des Unternehmens aus Berichten und eigenem Erleben bis heute fortgeführt.

Meine erste Aufgabe bestand also darin, die Chronik, die mein Großvater in deutscher Schrift abgefasst hatte, in die lateinische Schrift zu übertragen, den Text zu interpretieren und die für die Firmengeschichte interessanten Teile als Basis für die Gesamtchronik auszuwählen. Ich habe den Text dabei so weit wie möglich in seiner ursprünglichen Gestalt belassen, Rechtschreibung, Grammatik und Zeichensetzung nur in dem Maße angepasst, dass er auch für einen heutigen Leser ohne allzu große Irritationen lesbar ist.

Erst bei dieser Arbeit und nach mehrmaligem Lesen wurde mir klar, welche genialen Voraussetzungen mein Großvater mitgebracht hatte, um die AMAZONEN-WERKE aufzubauen. Wenn man weiß, dass Heinrich Dreyer erst 20 Jahre alt war, als er sich seine Ziele steckte, und wenn man sieht, wie er diese Ziele Schritt für Schritt realisierte, dann kann man nur voller Ehrfurcht sein Wirken bewundern.

Heinrich Dreyer hatte schon als junger Mann ein ausgeprägtes Gespür für die richtigen Entscheidungen. Er war ein guter Konstrukteur und er nutzte die Erfahrungen seines Vaters und der vorherigen Generationen. Es ist ihm gelungen, eine Maschine zu entwickeln, die gut funktionierte und sich rationell herstellen ließ. Damit hatte er den Grundstein für ein erfolgreiches Unternehmen gelegt.

Heinrich Dreyer war ein umsichtiger Unternehmer, der niemals unkalkulierbare Risiken einging. Das half ihm, selbst in schwierigsten Zeiten zu überleben. Trotz manchmal tiefster Niedergeschlagenheit musste er niemals darüber berichten, dass er sich in finanziellen Schwierigkeiten befände. Das ist außergewöhnlich, selbst in der Hochphase der Inflation konnte er seine Leute noch bezahlen, und wenn es aus Rücklagen mit Auslandswährung geschah, die er in weiser Voraussicht aus seinen Exportgeschäften nicht in die heimische Währung umgetauscht hatte.

Heinrich Dreyer war ein menschlicher Unternehmer, der wie ein Vater für seine Mitarbeiter sorgte. Das persönliche Schicksal jedes Einzelnen interessierte ihn und er half seinen Leuten, wenn Not am Mann war.

Heinrich Dreyer war ein bescheidener Unternehmer. Er änderte, auch wenn es der Firma besonders gut ging, seinen bescheidenen Lebensstil nicht und seine Frau hat ihn darin stets bestärkt. Auch die größten wirtschaftlichen Erfolge haben ihn nie leichtsinnig oder hochmütig werden lassen. Er steckte alles Geld, das verdient wurde, wieder in seinen Betrieb.

Heinrich Dreyer war auch ein guter Kaufmann, der ein funktionierendes Vertriebssystem aufbaute, tüchtige Vertreter einsetzte und sogar die Texte seiner eindrucksvollen Werbeunterlagen selbst verfasste.

Heinrich Dreyer war ein sehr fleißiger Unternehmer. Er erfand nicht nur seine Maschinen selbst, sondern konstruierte und zeichnete sie auch. Er erledigte einige Jahre lang nebenbei alle schriftlichen Arbeiten, die Korrespondenz, das Schreiben von Rechnungen und Bestellungen ausschließlich selbst. Er hatte eine glückliche Hand im Engagieren von zuverlässigen Mitarbeitern und konnte diese optimal motivieren.

Heinrich Dreyer war ein sehr christlicher Unternehmer, der stets mit den Lehrern und Pastoren zusammenarbeitete und die Arbeit von Schule und Kirche immer aktiv unterstützte. Er vertraute stets auf Gott, auch wenn es ihm manchmal schwerfiel.

Heinrich Dreyer war schließlich auch ein weit vorausschauender Unternehmer. Er legte in einem Gesellschaftervertrag fest, dass nur zwei seiner Söhne die Geschäftsführung übernehmen und die Geschäftsanteile bekommen sollten. Diese Regelung sollte auch weiter fortgeführt werden, d.h. aus jeder Familie sollte nur je ein Nachfolger benannt werden. Diese Regelung wurde bis heute durchgeführt, sodass auch heute noch in der vierten Generation die Firmenanteile in zwei Familienstämmen konzentriert sind. Damit schuf Heinrich Dreyer eine wesentliche Voraussetzung dafür, dass seine Firma eine lange Lebensdauer erreichen konnte.

Ich bin davon überzeugt, dass die Geschichte unserer Firma so interessant ist, dass sie nicht nur von Unternehmern und Managern mit Aufmerksamkeit und Freude gelesen wird. Vielleicht trägt sie mit dazu bei, richtige Entscheidungen zu treffen und manche Fehler zu vermeiden. Vielleicht kann sogar die Philosophie unserer Firma, die bis heute in ihren Grundzügen erhalten geblieben ist, ein Beispiel für andere geben.

Bei allen Erfolgen, die AMAZONE in den vergangenen 120 Jahren erzielt hat, ist uns dennoch bewusst, dass wir nur ein ganz kleines Rädchen im Getriebe der deutschen Wirtschaft sind, dass nicht nur Bill Gates in wesentlich kürzerer Zeit Milliardenwerte geschaffen hat und dass manche Leute, Fußballstars, Bankdirektoren oder Konzernmanager, ähnliche Gewinne erzielen wie wir mit über 1000 Mitarbeitern. Wir haben also keinen Grund, übermütig zu werden oder uns auf unseren Lorbeeren auszuruhen. Wir haben an unseren bescheidenen Erfolgen jahrzehntelang kontinuierlich gearbeitet und wissen dabei, dass wir uns auch weiterhin anstrengen müssen, um unsere Position zu halten oder sogar noch zu verbessern. Unsere Wettbewerber im In- und Ausland beobachten genau, was wir machen und wie wir es machen. Sie werden jede Chance nutzen, uns einzuholen, uns Marktanteile wegzuschnappen oder uns den Rang abzulaufen. Wir werden uns daher auch immer wieder etwas Neues einfallen lassen müssen, wobei wir berücksichtigen müssen, dass uns das hohe Kostenniveau zusätzlich beeinträchtigt.

Andererseits sind wir schon ein wenig stolz auf das Erreichte und freuen uns über das gute Image, das wir uns erarbeitet haben. Schließlich sind wir ein wichtiger Arbeitgeber in unserer Region und bezahlen mehr Steuern als manch großer Konzern. Wir werden aber mit beiden Beinen auf der Erde stehen bleiben und uns bemühen, die Bedeutung der AMAZONEN-WERKE und ihrer Produkte weiter zu steigern.

Wir danken an dieser Stelle allen unseren treuen Mitarbeitern und Vertriebspartnern, ohne deren tatkräftige Unterstützung unsere Erfolge nicht möglich gewesen wären, und wir hoffen, dass sie auch in Zukunft uns und den guten AMAZONE-Maschinen die Treue halten werden. Mein Vetter, Dr. Heinz Dreyer, und ich danken unseren Geschwistern und auch unseren Kindern, dass sie durch ihren Erbverzicht das Unternehmen sehr gestärkt haben.

Gaste, im Juni 2003

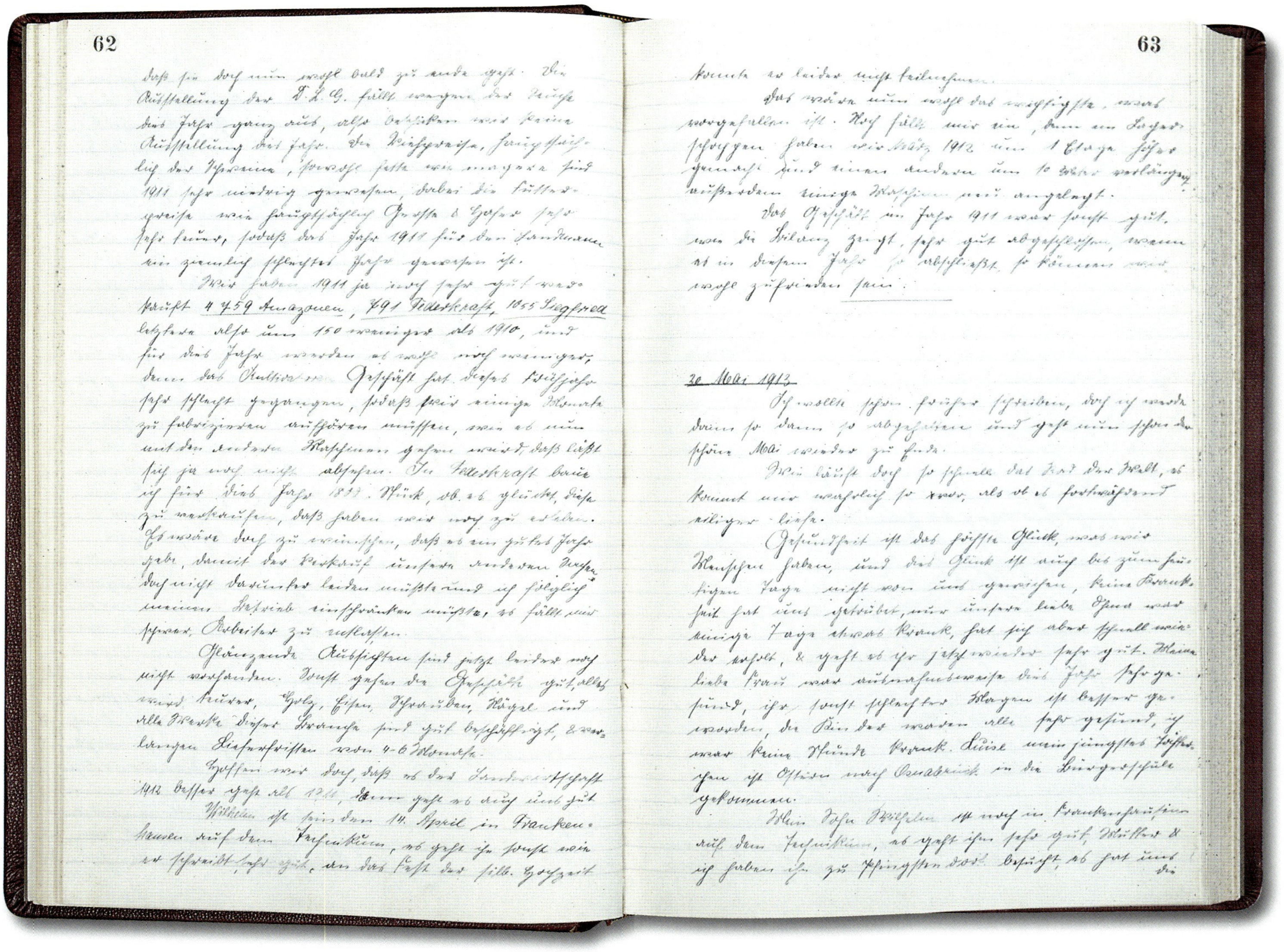
62

daß sie doch nun wohl bald zu Ende geht. Die
Ausstellung der D.L.G. fällt wegen der Seuche
dies Jahr ganz aus, also beschicken wir keine
Ausstellung dies Jahr. Die Viehpreise, hauptsächlich der Schweine, welche fast im ganzen Jahr
1911 sehr niedrig gewesen, wobei die Futterpreise wie hauptsächlich Gerste & Hafer sehr
sehr teuer, sodaß das Jahr 1911 für den Landmann
ein ziemlich schlechtes Jahr gewesen ist.
Wir haben 1911 ja noch sehr gut ver-
kauft 4759 Amazonen, 791 Federkraft, 1055 Siegfried
letztere also um 150 weniger als 1910, und
für dies Jahr werden es wohl noch weniger,
denn das Kultivator Geschäft hat dieses Frühjahr
sehr schlecht gegangen, sodaß wir einige Monate
zu fabrizieren aufhören mussten, wie es nun
mit den andern Maschinen gehen wird, das läßt
sich ja noch nicht absehen. Die Federkraft baue
ich für dies Jahr 1800 Stück, ob es glückt, diese
zu verkaufen, das haben wir noch zu erleben.
Es wäre doch zu wünschen, daß es ein gutes Jahr
gäbe, damit der Verkauf unserer andern Sachen
doch nicht darunter leiden müßte und ich folglich
meinen Betrieb einschränken müßte, es fällt mir
schwer, Arbeiter zu entlassen.
Glänzende Aussichten sind jetzt leider noch
nicht vorhanden. Sonst gehen die Geschäfte gut, alles
wird teurer, Holz, Eisen, Schrauben, Nägel und
alle Werke dieser Branche sind gut beschäftigt, & verlangen Lieferfristen von 4–6 Monate.
Hoffen wir doch, daß es der Landwirtschaft
1912 besser geht als 1911, dann geht es auch uns gut.
Wilhelm ist seit dem 14. April in Frankenhausen auf dem Technikum, es geht ihm sonst wie
er schreibt, sehr gut, an das Fest der silb. Hochzeit

63

konnte er leider nicht teilnehmen.
Das wäre nun wohl das wichtigste, was
vorgefallen ist. Noch fällt mir ein, daß am Lagerschuppen haben wir März 1912 um 1 Etage höher
gemacht und einen andern um 10 Meter verlängert,
außerdem einige Maschinen neu angelegt.
Das Geschäft im Jahr 1911 war sonst gut,
wie die Bilanz zeigt, sehr gut abgeschlossen, wenn
es in diesem Jahr so abschließt, so können wir
wohl zufrieden sein.

20 Mai 1913

Ich wollte schon früher schreiben, doch ich wurde
immer so davon abgehalten und geht nun schon der
schöne Mai wieder zu Ende.
Wie läuft doch so schnell das Rad der Welt, es
kommt mir wahrlich so vor, als ob es fortwährend
eiliger liefe.
Gesundheit ist das höchste Glück, was wir
Menschen haben, und das Glück ist auch bis zum heutigen Tage nicht von uns gewichen, keine Krankheit hat uns getrübt, nur unsere liebe Oma war
einige Tage etwas krank, hat sich aber schnell wieder erholt, & geht es ihr jetzt wieder sehr gut. Meine
liebe Frau war ausnahmsweise dies Jahr sehr gesund, ihr sonst schlechter Magen ist besser geworden, die Kinder waren alle sehr gesund, ich
war keine Stunde krank. Luise mein jüngstes Töch-
terchen ist Ostern nach Osnabrück in die Bürgerschule
gekommen.
Mein Sohn Wilhelm ist noch in Frankenhausen
auf dem Technikum, es geht ihm sehr gut, Mutter &
ich haben ihn zu Pfingsten dort besucht, es hat uns
die

1903-1934

Die Chronik von Heinrich Dreyer

Heinrich Dreyer, der Gründer
der AMAZONEN-WERKE

In allen Dokumenten der AMAZONEN-WERKE wird als Gründungsjahr 1883 genannt. Hierbei handelt es sich um das Jahr, in welchem mein Großvater die Werkstatt von seinem Vater übernahm und ins Handelsregister eintragen ließ. Die Tradition der Herstellung von Landmaschinen bei der Familie Dreyer reicht allerdings zurück bis ins 18. Jahrhundert.

Zu dem Stammsitz der AMAZONEN-WERKE, Gaste, ist zu sagen: Gaste ist ein kleiner Ort in Niedersachsen, der zwischen Osnabrück und der Grenze zu Westfalen liegt. Er hatte zu Zeiten der Gründung der AMAZONEN-WERKE nur ein paar hundert Einwohner. Später siedelten sich hier viele Osnabrücker an und Gaste wurde im Rahmen der Gebietsreform in den 1970er Jahren zusammen mit dem Ort Orbeck der Gemeinde Hasbergen einverleibt. Hasbergen (am Teutoburger Wald) hatte im Jahre 2000 ca. 10 000 Einwohner.

Mein Großvater entstammte einer Ehe mit sechs Kindern, zwei Jungen und vier Mädchen, die Mädchen starben. Mein Großvater war der Jüngste von allen, und da in unserer Gegend das ›Jüngstenrecht‹ gilt, bekam er das Geschäft mit Haus und Grundstücken übertragen. Sein älterer Bruder Wilhelm machte sich selbstständig und gründete später seine eigene Landmaschinenfabrik, aus der nach dem Zweiten Weltkrieg die Firma H.W. DREYER in Wittlage entstand. Weil Wilhelms und Heinrichs Mutter schon relativ früh starb, heiratete ihr Vater ein zweites Mal. Aus dieser Verbindung gingen zwei weitere Söhne hervor, die Halbbrüder meines Großvaters, Johann und Friedrich Dreyer, die seine ersten Mitarbeiter wurden. Mein Großvater schreibt zu den Anfängen in seiner Chronik:

Ursprungshaus
der Dreyers

Die Eheleute Casper Heinrich Dreyer und dessen Ehefrau Christine Mutert, meine Eltern, wurden, mein Vater in Lotte im November 1823 geboren als Sohn des Heuerlings und Tischlers Dreyer, meine Mutter am 9. Dezember 1825 in Gaste, Tochter des Tischlers und Erbpächters Mutert. Sie vermählten sich im Jahre 1847, mieteten sich von Hofbesitzer Westerkamp einen Kotten und lebten soweit glücklich. [...]

Wie meine Eltern ca. 8 Jahre verheiratet waren, kauften sie sich den zur Miete habenden Kotten für 1000 Taler. Obschon meine Mutter immer schwächlicher wurde, kamen meine Eltern doch, nach damaligen Begriffen, gut voran. Mein Vater betrieb neben dem Ackerbau eine Tischlerei und Stellmacherei, fertigte auch jährlich einige Wannemühlen an, die sich einer großen Beliebtheit erfreuten. Sein Vater, sogar sein Großvater, hatten die Anfertigung dieser Wannemühlen schon betrieben, und nach der Erzählung soll mein Urgroßvater die erste Wannemühle an die Stadt Osnabrück geliefert haben zu Ende des 18ten Jahrhunderts. [...] Meine Eltern kamen ganz gut vorwärts, kauften im Jahre 1878 von Westerkamp den zweiten, neben dem unsrigen nördlich liegenden Kotten, für den doppelten Betrag wie für den ersten, also für 6000 Mark. Mein elterliches Haus war anfänglich ein sehr schlechtes Gebäude, wie mir gesagt, das schlechteste & erbärmlichste in Gaste. Mein Vater hat es nach und nach umgebaut, zuletzt noch 1880, sodaß es seit der Zeit ein ganz gutes Haus war. [...]

Mein Vater wurde immer schwächer und konnte wenig mehr arbeiten, er war aber nie verzagt, hatte, trotz seiner Leiden doch immer guten Mut. Bei seiner zweiten Heirat hatte er durch gerichtliche Beschreibung mich als seinen Nachfolger eingesetzt. Ich konnte nicht aus dem Haus kommen wegen der Leiden meines Vaters, er lehrte mich sein Handwerk.

Die Entstehung der Firma HEINRICH DREYER resultiert aus der Entscheidung, Landmaschinen in Serie, d. h. rationell in größeren Stückzahlen zu bauen. Dazu muss man sich verdeutlichen, dass seit ca. 1850 auch in Deutschland die Industrialisierung begonnen hatte. Dies hatte zur Folge, dass man auch einfache Landmaschinen aus entsprechenden Fabriken kaufen konnte, die nicht nur billiger, sondern auch besser waren als handwerklich, in Einzelanfertigung gefertigte Maschinen. Dadurch war die Existenz vieler Handwerksbetriebe in Frage gestellt. Diese mussten sich entweder umstellen oder aufgeben. Mein Großvater schreibt dazu:

Die Zeiten waren damals um 1880 sehr schlecht. Die goldenen Schwindeljahre nach dem Siege gegen Frankreich waren dahin, und somit war nichts zu verdienen. Mein Vater und ich überlegten mal, ich solle Bergmann werden, und ich war nahe dran, mich am hiesigen Bergwerk zu melden, jedoch kam es nicht dazu. Ich sah bald ein, daß ein Specialartickel mich am weitesten bringen könne. Ich machte daraufhin große Massen Sensenschärfer, brachte es auch soweit, daß ich 1 Jahr 12 Tausend Stück anfertigte und auch die meisten das folgende Jahr verkaufte. Jedoch hatte ich eine sehr große Vorliebe zum Bau von Getreidereinigungsmaschinen und ich sammelte, wo ich nur eben konnte, hierin Kenntnisse, über-

legte das mit meinem, hierin sehr erfahrenen Vater und brachte auch was wirklich verbessertes fertig.

1883 stellte ich diese erste Maschine neuester Construktion fertig und beschickte damit die landwirtschaftliche Ausstellung in Haste und Lengerich das folgende Jahr. Ich verkaufte auch einige, jedoch stieß ich auf verschiedene Schwierigkeiten; da alles noch nicht klappte, bekam ich einige zurück, und mir wurde oft gesagt, bleib nur bei dem alten System, das ist doch immer noch das Beste. Wenn ich auch mal den Mut verlor, so ließ ich mich doch nicht irre machen. Suchte die Fehler zu ändern, was mir auch nach & nach gelang. Machte verschiedene Sorten.

Dreyersche Wannemühle
aus dem 18. Jahrhundert,
komplett aus massivem
Eichenholz gefertigt

Links:
**Die drei Brüder
Friedrich, Heinrich
und Johann Dreyer**

Lisette Dreyer als attraktives Fotomodell

Das alles geschah noch unter der Aufsicht Caspar Heinrich Dreyers, seines Vaters, der allerdings schon sehr kränklich war und seinem Sohn großen Handlungsspielraum ließ. Erst im Jahre 1883 übertrug er die Werkstatt offiziell seinem Sohn:

Mit dem 23. Jahre überließ mir mein Vater das Geschäft, er wurde sehr kränklich und konnte sich darum doch nicht mehr bemühen. Mit aller Kraft ging ich nun daran, Absatz zu gewinnen, sowohl in Stellmacherarbeiten wie auch in Wannemühlen. Ich bekam auch Arbeit genug, soviel ich damals leisten konnte.

Mein Großvater hatte nicht nur eine glückliche Hand in geschäftlichen Dingen, sondern auch darin, eine zu ihm passende Frau zu finden.

Ich verkehrte viel, sowie auch mein Vater, mit dem Colonel Weßling in Osterberg, letzterer tat für uns die Fuhrarbeiten. Seit meinem 20sten Lebensjahre verkehrte ich dort ab und zu und lernte dadurch die älteste Tochter des Hauses kennen. Sie wurde geboren am 31. Januar 1867. Wir liebten uns gegenseitig, welches auch unsere beiderseitigen Eltern wohl merkten.

Wir fragten unsere Eltern und die gaben uns das Jawort und ihren Segen.
Anfang des Jahres 1887 führte ich sie als meine Gattin heim. Wir waren beide arbeitsmutig, wir erleichterten uns jeden Tag, ja jede Stunde das Leben, und so wurde uns keine Arbeit zu schwer. Unsere Eltern hatten ihre Freude daran und wir lebten glücklich beieinander. [...]

Es stellte sich im Laufe der kommenden Jahrzehnte heraus, dass Heinrich Dreyer mit seiner Frau Lisette ›das große Los‹ gezogen hatte. Sie sorgte nicht nur im Hause für das Wohlergehen der Familie und beköstigte alle Geschäftsleute, wenn sie die Firma besuchten, sondern gab meinem Großvater auch in geschäftlicher Hinsicht wertvolle Ratschläge. Heinrich Dreyer brauchte seine Lisette zur Absicherung seiner Entscheidungen und Investitionspläne. Und häufig hat seine Frau ihn vor allzu waghalsigen Schritten bewahrt, wie er selber berichtet hat. Darüber hinaus hat sie bis 1906 acht Kinder bekommen, vier Mädchen und vier Jungen, davon haben fünf das Erwachsenenalter erreicht.

Die erste ›Amazone‹, preisgekrönt auf der DLG-Ausstellung in Bremen, 1891

Rechts:
Eine Weiterentwicklung der ›Amazone‹, wesentlich eleganter

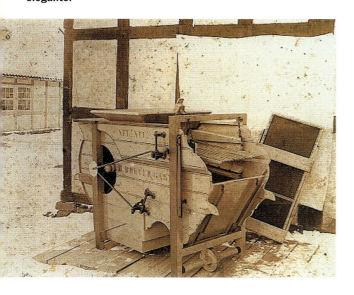

Nachdem 1 1/2 Jahre seit meiner Verheiratung verflossen waren, mußte mein Bruder Johann Soldat werden, und Friedrich, der nun 16 Jahre geworden, half mir weiter. Mit meinem Vater wurde der Zustand aber immer schlimmer, und so kam leider bald sein Ende. Er starb am 9. Oktober 1889. Zuerst glaubte ich oft, ohne seinen Rat nicht fertig werden zu können, jedoch mußte es ja sein.

Ich übernahm nun die Besitzung, mußte 6000 Mark Schulden annehmen, und meinen Geschwistern je 375 Mark zu kindlichem Teil ausbezahlen. Meinem älteren Bruder Wilhelm hatte ich den Betrag schon früher bei meines Vaters Lebzeiten gegeben, als er auch einmal in Verlegenheit war.

Nach zweijähriger Dienstzeit kehrte mein Bruder Johann vom Militär zurück, und da ich soviel Arbeit hatte, fing er wieder mit mir zu arbeiten an. Immer mehr wurden die Aufträge, sodaß ich Gesellen und Lehrlinge annahm. Die Eisenbeschlagteile an den Wannemühlen selbst zu machen, hatte ich schon bei meines Vaters Lebzeiten angefangen, indem ich eine kleine Feldschmiede in der Tischlerei aufstellte. Jedoch wurde der Raum, obschon ich denselben schon vor 2 Jahren vergrößert hatte, doch zu klein. Ich baute hinter der alten Tischlerei eine kleine Schmiede von 12 Quadratmetern groß im November 1892. Kaufte mir einen alten Blasebalg von dem Schmiedemeister Erdmann hierselbst, und wir glaubten doch, nun was machen zu können.

Mit neuem durch D. R. G. M. Nr. 169519 geschützten **Stösser.**

Maschine geschützt durch D. R. G. M. Nr. 172237.

Buttermaschine aus dem erweiterten Programm von Heinrich Dreyer

Unten:
Zerlegte Windfege ›Amazone‹, speziell entwickelt für den Export nach Übersee

Zerlegte Windfege „Amazone"

Die häufigste Frage, die in Bezug auf die AMAZONEN-WERKE gestellt wird: Wie kam die Firma eigentlich zu dem Namen ›Amazone‹? Heinrich Dreyer hat auch diese Frage in seiner Chronik präzise beantwortet:

1891 beschickte ich mit unseren Maschinen die landwirtschaftliche Ausstellung der D.L.G. in Bremen; ich erhielt dort die bronzene Medaille, worüber ich mich großartig freute. Von der Zeit an entwickelte sich unser Geschäft immer zusehender, ich glaubte, nun meinen Maschinen vorteilhaft einen Namen geben zu müssen, und unser hiesiger Lehrer Klingemann riet mir den Namen ›Amazone‹, auf Deutsch ›Heldin‹. Ich ging darauf ein und ließ mir nachher den Namen als Warenzeichen eintragen, und dieser Name hat sich nunmehr schon in den weitesten Kreise eingebürgert, sogar über die Grenzen des deutschen Vaterlandes hinaus.

Eine für das Unternehmen wichtige Charaktereigenschaft meines Großvaters war der vorsichtige Umgang mit dem Geld. Ohne diese Vorsicht wäre die Firma sicher des Öfteren in finanzielle Schwierigkeiten geraten. Er hat bis zu seinem Lebensende immer sparsam – man kann auch sagen spartanisch einfach – gelebt, und seine geschäftlichen Erfolge sind ihm nie zu Kopf gestiegen. Anfang des 20. Jahrhunderts setzte für die Firma MASCHINENFABRIK H. DREYER GASTE, wie sie zu jener Zeit hieß, ein rasanter Aufschwung ein:

Nun kam ich bald zu der Einsicht, daß ich mit meinen Handarbeiten nicht genügend weiter kommen könne, daß ich Maschinenkraft haben müsse. Doch die Gelder waren noch knapp gegenüber den großen Ausgaben, und leihen wollte ich absolut nicht, das war gegen meine Grundsätze. Doch es mußte sein, die Tischlerei wurde vergrößert, eine neue Schmiede gebaut, und ein Jahr später im November 1896 legte ich einen neuen 4pferdigen Benzinmotor an und einige Arbeitsmaschinen: Hobelmaschine, Kreissäge; eine alte Bandsäge hatte ich schon 1 Jahr.

Gleichzeitig kaufte ich in Osnabrück einen Lagerschuppen und setzte denselben das folgende Frühjahr hoch. Alles gelang mir gut.

Bereits 1894 entschloss sich mein Großvater, sich nicht allein auf die Erfolge bei den Getreidereinigern zu verlassen, sondern – wie man heute sagt – zu diversifizieren:

Schon 1894 fing ich auch an, Pflugkörper zu bauen in dem Glauben, mehr Arbeit für den Maschinenbetrieb zu gewinnen. Es gelang mir auch sehr gut, jedoch der Bau meiner Amazonen ging allen anderen vor, und weil das von Jahr zu Jahr kolossal stieg, so blieb mir keine Zeit, dem ersteren die gleiche Aufmerksamkeit zu schenken. Ich mußte immer mehr Arbeiter annehmen, und immer konnte ich noch nicht soviel liefern, als verlangt wurde.

Es ist eine Freude, den Bericht über die rasante Entwicklung der Produktion zu lesen. Bereits am 18. Februar 1899 wurde die 3000ste *Amazone* fertiggestellt:

1887 fing ich schon an, meine Maschinen zu nummerieren, und die runde Zahl 2000 wurde im Dezember 1897 fertig und am 18. Februar 1899 die 3000ste. Zu dem Zweck veranstalteten wir eine halbtägige Feier, um uns nach vollende-

ter Arbeit auch zu erfreuen. Diese 3000ste Maschine wurde in Pitspin Holz gemacht und der Prüfungsstation zu Münster als Reklame übergeben.

Links:

AMAZONE-Rübenschneider
›Herkules‹, 1893

Rechts:

Der erste AMAZONE-Pflug
›HDG‹ (Heinrich Dreyer, Gaste)
1894

Aber leider blieben auch Rückschläge, vor allem familiärer Art, nicht aus, so starben kurz nach der Feier anlässlich der 3000sten Getreidereinigungsmaschine zwei kleine Töchter meiner Großeltern innerhalb einer Woche. Zwar war die Kindersterblichkeit zu jener Zeit allgemein sehr hoch, trotzdem war es ein schwerer Rückschlag für die Familie. Aber mit Gottes Hilfe kam man darüber hinweg und konnte sich wieder intensiv um das Geschäft kümmern. Dieses entwickelte sich weiter gut, sodass noch im gleichen Jahr, am 24. Dezember, auch die 4000ste *Amazone* fertig wurde.

Der Bau war schon begonnen und mußte ja auch weiter geführt werden, er ging gut vonstatten und wir konnten schon im Juni die Tischlerei beziehen. Neue Maschinen wurden noch zuge-

legt und alles ging noch flotter als bisher. Am 24. Dezember noch dieses Jahres wurde auch schon die 4000ste Amazone fertig.

Das neue Wohnhaus
mit Landwirtschaft,
erbaut 1900

Im Jahre 1900 entschlossen sich meine Großeltern, für ihre Familie und für die des Bruders Friedrich ein größeres Wohnhaus zu bauen. Es ist typisch für die Vorsicht meiner Großeltern, dass sie ein Bauernhaus bauten, mit Landwirtschaft und Stallungen für zwei Pferde, zwei Kühe, ein paar Schweine und einen Hühnerstall, mit Diele und großem Heuboden. Allerdings war der Wohntrakt entsprechend großzügig gestaltet. Nachdem meinen Großeltern die beiden Töchter gestorben waren, wünschten sie sich natürlich wieder ein Kind, am liebsten einen Sohn, der eines Tages die Nachfolge antreten könnte. Im Jahre 1900 war es soweit:

Ein freudiges Ereignis durften wir erleben: Am 11. Februar 1900 schenkte uns Gott einen kleinen Sohn, welcher den Namen Heinrich erhielt.

Alles ging uns wieder zum Glück, wir waren alle gesund & es gab Arbeit genug.

In dieser Zeit entschloss sich Heinrich Dreyer, Werkshäuser für seine tüchtigsten Leute zu bauen, und bereits 1901 entstand das erste von drei Doppelhäusern, gut 500 m von der Fabrik entfernt. 1902 baute er einen größeren Lagerschuppen und stellte die 8000ste *Amazone* fertig. Die Anzahl seiner Beschäftigten betrug zu dieser Zeit 28 Personen. Man kann sagen, die Firma nahm einen rasanten Aufschwung. Nachdem er erst 1896 einen Motor mit 4 PS zum Antrieb seiner Maschinen installiert hatte, war dieser 1902 schon wieder zu schwach. Auch sonst standen bahnbrechende Neuerungen an:

Zeitig schon wurde beim Bau begonnen, die Richtung konnte schon am 16. Juni erfolgen und am 24. September zogen wir schon ein. Kurz vor unserem Einzuge war wieder ein Tausend voll geworden, also die 5000ste war fertig gestellt. [...]

Am 15. Juli des Jahres 1902 wurde die 7000ste Amazone fertig und am 24. Dezember des Jahres wurde wieder ein weiteres Tausend vollendet, also die 8000ste. Die Zahl meiner Leute war Ende dieses Jahres auf 28 Mann gewachsen, jedoch konnte ich meine Abnehmer noch nicht pünktlich bedienen. Mein Motor wurde mit der Zeit schon schwach, er konnte alles nicht mehr ziehen. Wenn dafür ein anderer sein mußte, dann war auch mein Maschinenraum zu klein, auch dünkte uns, daß es zweckmäßig sei, gleich

elektrisches Licht anzulegen. Die Schmiede wurde uns ebenfalls zu klein, obschon ich dieselbe vor 4 Jahren schon über das doppelte vergrößert hatte, als sie anfänglich war.

Um nun nichts zu machen, was über ein paar Jahre hätte vernichtet werden müssen, so ging ich auch zu der Vergrößerung der Schmiede über. 1903 schon im Februar wurde zu bauen begonnen. Im Mai wurde der Bau fertig, ein neuer Brunnen wurde auch gleichzeitig neben der Schmiede gemacht zur Wasserversorgung des Motors. Anfang Juni wurde ein neuer 14pferdiger Sauggasmotor angelegt, das neueste, was es gab. 2 neue Kontorräume wurden eingerichtet, dann im September auch die elektrische Lichtanlage gemacht mit 72 Lampen.

Feier anlässlich der 8000sten Amazone

Viele Menschen in der heutigen Zeit sind der Meinung, dass früher alles besser gewesen sei, sogar das Wetter, und die Medien unterstützen diese Meinung häufig. Alle Katastrophen werden angeblich durch Autoabgase, Atomkraft und Flussbegradigungen verursacht. Dass es auch schon zuvor schlimme Unwetter gegeben hat, bestätigt mein Großvater:

Das Jahr 1903 war ein Jahr von vieler Arbeit und großer Umänderung für uns; jedoch ist es ja auch von großer Denkwürdigkeit ohne gleichen für die ganze hiesige Gegend. Es geschah hier ein Ereignis, wie es hier noch niemand erlebte.

Das ganze Frühjahr war naß und immer naß, kaum war der Acker zu bestellen. Die Früchte standen gut, wo nicht gar zu nasser Boden war. Der Juni war gekommen, die Heuernte begann. Am 29. war es sehr schwül, wir hatten auch zu heuen, des Mittags steigt's am Horizont wie zu einem Gewitter. Wir, auch meine Frau und ich, gehen zur Wiese, bei Weitkamp gelegen, um noch vor dem Gewitter das Heu zusammen zu machen, jedoch wie wir eben dort sind, ist es schon zu sehen, daß es bald zu regnen anfängt. Sehr schwarz unter heftigen Donnerschlägen steigt es höher, grelle Blitze durchzucken das gelblich-schwarze Gewölk. Ein furchtbarer Sturm kommt heran gebraust, unser Heu wird wie Federn auseinander geworfen, wir flüchteten uns in ein nahes Häuschen (Hermanns Kotten). Eben dort angelangt, braust das Unwetter in erneuter Kraft los. Große Eisstücke krachen hernieder. Fensterscheiben und Ziegel auf dem Dache zerschlagen, als sei es dünnes Papier. Es schwimmt im ganzen Hause. Nachdem es 1/4 Stunde so gewütet, traten wir den Rückweg an. Welch ein Bild bot sich aber uns, woran wir noch garnicht gedacht. Die ganze, vor einer viertel Stunde noch so prachtvoll dastehende Frucht, war so zerschlagen, daß kaum mehr zu unterscheiden war, was für Frucht es gewesen war. Der stärkste Roggen, welcher schon soweit war, daß die Körner schon angesetzt waren, war zu einer festen Decke von 8 – 10 cm Höhe zusammen gestampft. Ein furchtbarer Anblick, und der solches gesehen, wird es nie vergessen können.

Mit vieler Mühe durch Wasser und Eis gewatet, langten wir zu Hause an, aber wie sah es dort aus? Sämtliche nach der West- und Nordseite befindlichen Fensterscheiben waren zerschlagen. Circa 40 Quadratmeter Glas waren entzwei. 700 – 800 Ziegel waren vom Hagel durchlöchert oder ganz zerschlagen oder vom Sturm herunter geworfen. In unserem Hause sah es aus, als ob kein Ziegel mehr auf dem Dache sei, an allen Wänden lief das Wasser herunter. Zwar war es im Wohnhause noch nicht durch die Decke gekommen, und es ging nun mit aller Kraft daran, das Wasser, welches auf dem Fußboden stand, aufzunehmen und dadurch glückte es, daß die Decken noch gut blieben. Da ich einige meiner Leute zur Hülfe hatte, welche nicht selbst einen Haushalt hatten, denn der Betrieb ruhte vollständig, so war das Dach bald wieder dicht. Ausgeschlossen auf der Fabrik, wo das ganze Pappdach zerschlagen war, ca. 800 Quadratmeter mußte ich neu überdecken lassen. Das Getreide wurde, so gut es ging, vom Lande geschafft, gedroschen brauchte nicht zu werden, das lohnte sich nicht. Der späte Hafer wuchs wieder nach, aber nicht der frühe. Die Kartoffeln waren nahe beim Blühen, wurden aber total abgeschlagen, sodaß nur noch kleine Stoppeln von 5 – 10 cm Länge aus der Erde standen, sie erholten sich zwar wieder, wuchsen gut wieder aus und es bildeten sich auch Knollen, jedoch 4 – 5 Wochen verspätet und durch den immerwährenden Regen wurden dieselben an der Entwicklung gehindert, also daß ca. 1/2 – 1/3 der sonst gewöhnlichen Erträge geerntet werden konnte. Alle Tage Regen und Gewitter, also daß man kaum auf dem Lande gehen konnte. Was nicht verhagelt war, mußte verfaulen, man hatte Mühe genug, was noch zu suchen war, nach Hause zu bringen.

Bis Anfang Oktober war es fortwährend naß, dann wurde es besser, und wir hatten dann einen guten Herbst. Das war ein Jahr, woran die hiesigen Landbewohner lange denken werden. Mein Geschäft ging trotzdem gut, und ich hatte es das ganze Jahr durch sehr eilig.

Bis Mai 1903 hatte ich die schriftlichen Arbeiten noch allein gemacht, jedoch wurden die soviel, daß es mir unmöglich wurde. Im Mai erhielt ich Hülfe durch einen jungen Herrn namens A. Meyer, seither in Osnabrück tätig.

»... der solches gesehen, wird es nie vergessen können.«

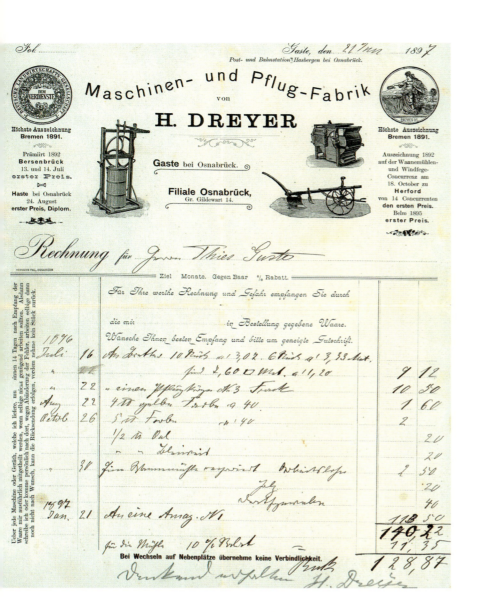

Vorwort.

Rastloses ernstes Streben, auf dem Gebiete der Fabrikation von Reinigungs- und Sortir-Maschinen für Getreide Hülsenfrüchte und Sämereien den Landwirthen das denkbar Beste zu liefern, immer neue Versuche, langjährige Erfahrung, stetes Bestreben, praktische und vortheilhafte Neuerungen vorzunehmen: das sind die Gründe, die es mir ermöglichen, in diesen Maschinen so Vollkommenes bieten zu können.

Jeder verständige Landwirth wird auf den ersten Blick die Construction meiner Maschinen als praktisch anerkennen auch nach vorgenommener Probe die Leistungsfähigkeit derselben günstig beurtheilen.

Die Preise sind sehr mässig, jedoch keine Schleuderpreise da sich für solche nichts Gutes herstellen lässt.

Von der Güte meiner Maschinen zeugen die täglich wachsenden Aufträge, sowie die vielen Anerkennungen seitens meiner werthen Abnehmer, ferner auch die stetige Vergrösserung meines Betriebes.

Damit aber Jeder die Vorzüglichkeit meiner Fabrikate erproben kann, gebe ich jede Maschine 14 Tage zur Probe und nehme dieselbe, falls sie nicht gefallen sollte, ohne jegliche Einrede zurück. Dieses Probeanerbieten wird Jedem wohl mehr genügen, wie ein ganzes Buch voll Ruhmreden.

Bei Bedarf bitte ich, meine Fabrikate kommen zu lassen und damit jeder die möglichst richtige Marke wählen kann sind alle Maschinen einzeln abgebildet und beschrieben. Ich bitte um genaue Durchsicht.

Mein Rohmaterial aus den ersten Stahl-, Eisen- und Holzwerken beziehend und im Besitz der ersten und besten Arbeitsmaschinen für Holz und Eisen, bin ich im Stande, stets das Beste und Billigste zu liefern.

Hochachtungsvoll

H. Dreyer.

Handgeschriebene Originalrechnung von Heinrich Dreyer, 1897

Rechts:
Heinrich Dreyer, der überzeugende Werbetexter. Vorwort aus dem Katalog von 1901

Man muss sich das vorstellen, ein Betrieb mit ca. 30 Mitarbeitern, in dem der Chef alle schriftlichen Arbeiten, d. h. alle Korrespondenz, alle Materialbestellungen, alle Zahlungen und alle Rechnungen selbst schreibt, und zwar von Hand. Schreibmaschinen gab es bei meinem Großvater nicht, jedenfalls zu dieser Zeit noch nicht. Bereits im Jahre 1904 verließ die 10 000ste *Amazone* das Werk und Stolz und Freude spricht aus dem Bericht meines Großvaters. Dabei dachte er immer auch an seine Leute, er hat fast wie ein Vater für sie gesorgt:

Am 14. Mai hatten wir ein schönes Fest, die 10 000. Amazone wurde fertig gestellt, einige Abende vorher wurden Girlanden gebunden, um 11 Uhr genannten Tages wurde mit dem Aufräumen begonnen, die Tischlerei als Festsaal geschmückt, dann zog sich jeder festlich an, und um ca. 4 Uhr begann die Feier. Meine verheirateten Leute brachten Frau und Kinder mit. Kaffee und Kuchen wurde im Wohnhause gegeben. Dann langte die Musik an (Kapelle vom Georgsmarien-Verein, 5 Mann), nun ging's zum Konzert in unserem kleinen Wäldchen, wo wir beim guten Glase Bier uns allesamt des schönen Festes freuten. Das Wetter war herrlich, unsere neue zum Feste angeschaffte Fahne flatterte munter am hohen Maste.

Ein Photograph von Osnabrück nahm alle Arbeiter, welche sich um die 10 000. Maschine aufgestellt hatten, einschließlich meiner Brüder, Sohn & mir (und auch die Musik), auf. Beim Dunkelwerden ging's ins Festlokal (unsere Tischlerei), welche sich herrlich bei den vielen Girlanden, durch elektrisch Licht beleuchtet, machte. Ein paar Tänze gab's, dann folgte das Festessen. Die Bewirtung hatte Wirt H. Thies hierselbst übernommen. Es wurden Toaste vorgebracht, Glückwünsche vorgelesen, und es fehlte an nichts zur besten Stimmung aller. Nach Beendigung der Mahlzeit begann der Ball, welcher bis zum halben Morgen des 15. Mai anhielt. Mit Freuden denke ich noch oft an diesen Tag zurück und wünsche,

daß uns Gott noch mehr solche schöne Feste verleben lassen möge. Vom 1. Januar 1904 ab ließ ich meine sämtlichen Leute, welche länger als 1 Jahr hier arbeiteten und über 18 Jahre alt waren, 1–2 Pfennig als Anteil zukommen, je nachdem sie länger oder kürzer im Betriebe gearbeitet haben. Ich habe den Wunsch, sobald und soweit ich kann, auf die Aufbesserung meiner Leute nach jeder Richtung hin bedacht zu sein.

»Ich habe den Wunsch, sobald und soweit ich kann, auf die Aufbesserung meiner Leute nach jeder Richtung hin bedacht zu sein.«

In diesem Jahr begann auch ein neues Kapitel in der Geschichte der Firma. Mein Großvater erweiterte sein Programm um den Kultivator, er nannte ihn *Siegfried*. Doch dauerte es einige Zeit, bis er wirklich in der Lage war, damit zu siegen. Wie bei allen anderen Entwicklungen musste man zu Anfang ›Kinderkrankheiten‹ beseitigen, die für ein schlechtes Image sorgten und viel Geld kosteten. Die Geschäfte mit den *Amazonen* gingen allerdings weiterhin gut, sodass er sich Experimente mit Neuentwicklungen und sogar eine zusätzliche Lager- und eine Fertigungshalle leisten konnte.

Die Aktivitäten in seiner Firma nahmen ihn jetzt so sehr in Anspruch, dass er seine eigene Landwirtschaft aufgab und seine Felder verpachtete. In diesem Jahr bekam die Firma auch ihr erstes Telefon. Mein Großvater schreibt dazu:

Die Witterung dieses Jahres war eine ganz andere als im vorigen Jahre, furchtbar trocken den ganzen Sommer. Man glaubte von Tag zu Tag, die Frucht könne sich garnicht mehr halten, jedoch war die Ernte noch eine recht gute und befriedigende. Seit 1880 ist es wohl nicht mehr so trocken gewesen.

Die Geschäfte gingen jedoch gut, wir verkauften im ganzen 1679 Amazonen. Zu Anfang des Jahres hatten wir begonnen, neben unseren Amazonen auch Federzahn-Kultivatoren zu bauen, nach eigener Konstruktion auf 2 Rädern laufend, jedoch fanden diese nicht den erhofften Beifall und wir mußten zu denen mit Fahrgestell übergehen, mehrere wurden zurückgebracht, welches zur Folge hatte, daß wir dabei in diesem Jahre eher zusetzten als verdienten, doch hoffentlich bessert sich das. Wir sahen immer mehr ein, daß wir größere Lagerräume haben mußten, um in stiller Zeit nicht wegen Platz in Verlegenheit zu kommen und auch zur Saison prompt liefern zu können. Dann wurde uns auch schon länger die Tischlerei zu knapp, die Anstreicherei war schon lange nicht, wie sie mußte: zu wenig Licht und zu dumpfig. Das ganze Jahr hindurch muß eigentlich montiert werden, um auch für die Anstreicher immer Beschäftigung zu haben. Daraufhin beschlossen wir, ein großes Lagerhaus, eine Montier- und Anstreicherhalle zu bauen.

Im Oktober wurde damit begonnen, im Dezember war das Lagerhaus fertig, die Montier- und Anstreicherhalle wird voraussichtlich im März – April fertig.

Der Acker war uns nach grade zur Last, und wir verpachteten im September solchen größtenteils, wir behalten eine Kuh und 2 Pferde. Letztere 2 braune Wallache, welche uns gut gefallen, kauften wir im August des Jahres für einen Preis von 1250 Mark. Ende 1904 legten wir einen neuen Hammer, Schere und Stanze für den Kraftbetrieb an. Im April 1904 erhielten wir Telephon.

Kultivator ›Siegfried‹ zur flachen Stoppelbearbeitung, 1904

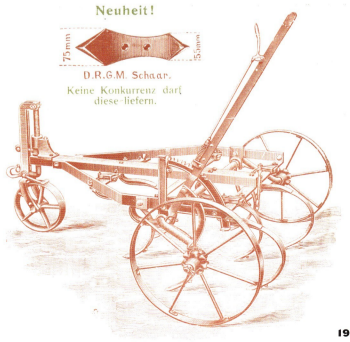

Abteilung 2.

Federzahn-Kultivator „Siegfried"

welcher allen voran

D.R.G.M. Schaar

mit 2 verschieden breiten Schneiden.

Vorwort.

Es wird gegenwärtig wohl nicht mehr bezweifelt, daß mein Federzahn-Kultivator „Siegfried" ein erstklassiges Fabrikat ist. Von allen Seiten bringt man mir unaufgefordert dieses Urteil.

Durch die letzten Neuheiten überragt der „Siegfried" gegenwärtig alle Systeme. Wer sich davon überzeugen will, beziehe 14 Tage oder länger ein Stück zur Probe. Nur ein eingehender Versuch schützt vor Mißgriffen. Es ist lange nicht alles im Gebrauche praktisch, was als solches angepriesen wird.

Ich danke hiermit allen, die mir auch in dieser Abteilung meines Betriebes Vertrauen entgegengebracht haben. Es soll mein stetes Bestreben sein, mich dessen würdig zu zeigen.

Hochachtungsvoll

H. Dreyer.

43

Auszeichnungen:

Bremen 1891, D. L. G., bronzene Denkmünze, erster Preis. Bersenbrück 1892 erster Preis. □ Haste 1892 erster Preis. Herford auf der Wannemühlen- und Windfege-Konkurrenz am 18. Oktober 1892 von 14 Konkurrenten den ersten Preis. Belm 1895 erster Preis. □ Rulle 1898 erster Preis. Neuß 1904 erster Preis. Silberne Medaille.

Gegründet 1883.

Voraussichtliche Produktion 1907 in Getreidereinigungsmaschinen
■ über 3000 Stück. ■

Vertreterzahl Januar 1907 im In- und Auslande zirka 500.

3

Ausschnitte aus dem Katalog von 1904

Zuvor war schon einmal die Rede davon, wie auch seine Frau Lisette, die er liebevoll auf Plattdeutsch Settken nannte, wesentlich zum Erfolg meines Großvaters beitrug. Dazu schreibt er im Jahre 1904:

Allem meinem Glücke übersteigt jedoch das eine: daß ich eine so brave, teure Gattin habe, die mich zu warnen versteht, wenn ich zu große Pläne habe, die mich so heilend aufmuntert, wenn mich Sorge drückt. Die mir jederzeit so tapfer arbeiten half und heute noch hilft, die nie ungenügsam ist, die mich, wie eben schon gesagt, wohl warnt, aber sich nie meinem Willen widersetzt. Das nenne ich unser größtes Glück, welches Gott uns gab, daß meine Gattin und ich uns gefunden haben. Ich könnte alles eher entbehren, was mir Gott geschenkt, nur nicht meine teure Gattin. Gott erhalte uns doch zusammen bis ins hohe Alter, daß unsere Kinder ohne unsere Hülfe sich selbst helfen können. Ferner ist meiner Gattin und mein allergrößter Wunsch, daß unsere Kinder sich doch gut betragen möchten und brauchbare Menschen würden. Was wäre es doch für uns Eltern ein so übergroßes Glück, wenn wir das nur an unseren Kindern erleben könnten und auch in der Gewißheit einmal davon scheiden.

Alles Irdische ist vergänglich, und noch so viel Hab und Gut ist mir nichts wert, gegenüber dem in diesem Satz geschilderten. Gott verleihe uns dies Glück, was ich mir, meiner lieben Gattin & den Kindern vor allem andern wünsche.

Interessant ist, dass Lisette auch selber für Werbefotos posierte, wie am Beispiel eines Prospekts für einen Butterstampfer, der zeitweise zum Fertigungsprogramm der Firma gehörte, zu sehen ist. Außerdem war sie selbstverständlich auch bei den wichtigen Ausstellungen mit auf dem Stand und betreute die Kunden persönlich. So wurde es auch bei den nachfolgenden Generationen beibehalten: Die Ehefrauen der Inhaber sind auf den Ausstellungen präsent und helfen mit.

31. Januar 1906

Das Jahr 1905 ist unseren Blicken entschwunden. Dasselbe war ein sehr gutes, sowohl für unser Geschäft als auch für die Landwirtschaft. Das Vieh war kolossal hoch im Preise, das Schweinefleisch stieg bis zu 74 Pfennig das Pfund im frisch geschlachteten Schweine. Der Acker hat auch gute Erträge gebracht, es war ja stellenweise wohl reichlich naß, doch im Durchschnitt war es besser als im vorherigen Jahre. Nur zum Herbst war es sehr naß, und an manchen Stellen ist der letzte Schnitt Gras verdorben und hat stellenweise überhaupt nichts eingebracht. Unsere Neubauten wurden im April fertig, außer dem Lagerhaus, Montier- und Anstreicherhallen auch die neuen Wagen und Holzschuppen. An Ausstellungen beschickte ich mit meinen Fabrikaten 2, die erste in Altona Anfang Juni, die zweite in München Anfang Juli, der D.L. Gesellschaft.

[...] Wir hatten zu den Ausstellungen 6 kleine Modellmaschinen angefertigt, die auf einer Kiste montiert und mittels Elektromotor in Betrieb gesetzt wurden, welches sehr viel Zuschauer anzog.

Wenn auch direkt auf der Ausstellung wenig verkauft wurde, so war doch nachher sehr viel Nachfrage. Der Absatz 1905 war ein sehr guter, ich lieferte ab: 2202 Amazonen, 210 Siegfried, also 523 Amazonen mehr als im Jahr vorher, wir schreiben heute die Nummer 13 746. Der Reingewinn ist ein recht befriedigender gewesen. Die Zahl der Arbeiter beträgt 40, dazu meine beiden Brüder und mein Kontorgehülfe und ich.

An Maschinen haben wir nichts zugelegt, es reicht auch mit den habenden vorerst aus, nur in den neuen Räumen elektrisches Licht.

Das Holz steigt gewaltig im Preise, wie lange das noch anhalten wird, ist noch nicht zu übersehen. Wahrscheinlich wirkt der unglückliche Krieg zwischen Rußland und Japan, welcher im vorigen Jahr gewütet und über ein Jahr gedauert hat, und auch größtenteils die gegenwärtige unbeschreibliche Revolution in Rußland darauf ein.

Mit meinem ältesten Bruder Wilhelm in Osnabrück habe ich ein Jahr lang im Prozeß gelegen, derselbe hatte, ohne mich einzuladen, eine Probe mit seinen und meinen Maschinen gemacht und ein für ihm vorteilhaftes Ergebnis behauptet, und in Cirkularen sowie Zeitungen bekannt gegeben. Er schädigte mich dadurch, und ich erhob Klage wegen unlauteren Wettbewerbs, sowohl gegen ihn als gegen einige seiner Kunden in Ostfriesland. Die Sache wurde am Gericht in die Länge gezogen, auf eine vom

Buttermaschine ›Gloria‹; für diesen Kupferstich eines Grafikers diente ein Foto von Lisette Dreyer als Vorlage (siehe Seite 12).

Gericht veranstaltete Probe kam es noch nicht zur Entscheidung, weil die Sachverständigen sich weigerten, ein Urteil abzugeben mit der Behauptung, der zur Probe bestimmte Kornhaufen sei zu klein. Daraufhin vertrugen mein Bruder und ich uns, jeder hatte seinen Anwalt zu bezahlen und in die Gerichtskosten teilten wir uns. Zu wünschen wäre es, daß solches sich nicht wiederhole.

Auch 1905 hielt der gute Geschäftsverlauf an, inzwischen waren schon ca. 14 000 *Amazone*-Getreidereiniger ausgeliefert und in dem Jahr 210 Kultivatoren. Die Anzahl der Beschäftigten betrug rund 45 Personen. Interessant ist, dass mein Großvater begonnen hatte, seine Maschinen zu exportieren; er schreibt dazu:

Unsere Kundschaft dehnt sich immer weiter aus, am 19. Dezember sandten wir 6 Stück Windfegen nach Valparaiso, Südamerika, dieselben wurden zerlegbar gemacht und in Kisten verpackt. Vorgestern, 29.1.1906, sandten wir auch 1 Amazone Nr. 1, zerlegbar in einer Kiste verpackt, an einen Kunden in Goch, welche auch noch überseeisch bestimmt war.

Amazone Nr. 1 und 4 und drei Windfegennummern sollen für die Folge zerlegbar gemacht werden. Kultivatoren sind heute wieder an 300 Stück in Arbeit.

Heinrich Dreyer war immer bemüht, ein gutes familiäres Betriebsklima zu pflegen und hat sich auch persönlich um jeden Einzelnen gekümmert, aber trotzdem kam es, wenn auch äußerst selten, zu Missstimmigkeiten, wie z. B. im April des Jahres 1906:

6. Dezember 1906
Bald ist dies Jahr wieder zu Ende, es ist ein Jahr gewesen, wie ich ein schöneres kaum denke. Frühling, Sommer und Herbst immer herrliche Witterung, nicht zu trocken und nicht zu naß. Alle Früchte sind gut geraten. Die Viehpreise sind beständig auf der Höhe geblieben bis Anfang November, von da ab kam ein Fall, hauptsächlich der Schweinefleischpreise von 70 auf 50 Pfennig das Pfund. Gegenwärtig kosten die Schweine bei Schlachtgewicht 50–52 Pfennig. Das Rindfleisch ist noch wenig gefallen. Die Aufträge an uns sind in diesem Jahr ganz ungeheuer gewesen, in der Hochsaison hätte ich das Doppelte verkaufen können, wenn wir es nur hätten fertig machen können. Auch heute noch sind wir über 250 Stück im Rückstand. Am Lager ist garnichts von Bedeutung. Im April des Jahres kündigte ein Teil meiner jüngeren Leute, 7 Mann in geschlossener Kolonne, Tischler und Arbeitsleute, angeblich wegen nicht genügend zärtlicher Behandlung vom Vorarbeiter. Die Kündigung erfolgte sonnabends. Montags kam keiner von sämtlichen, dienstags wurden alle sofort entlassen. Nach 4 Wochen waren alle Lücken wieder besetzt.

In diesem Jahr hat mein Großvater freiwillig die Löhne um 10% erhöht, hatte jedoch Bedenken, ob er noch genug dabei verdienen würde. Die Situation zu der Zeit war aber auch außerordentlich günstig, weil die Nachfrage größer war als die Fertigungskapazität:

Am 30. April begannen wir mit 10stündiger Arbeitszeit, die Löhne habe ich 10 % erhöht. Die Preise der Maschinen sind die alten geblieben. Die Materialkosten sind sämtlich ganz bedeutend gestiegen, ob ich nun unter diesen Umständen anständig verdient habe, muß die Jahresbilanz lehren. Sollte bei allen den vielen Arbeiten nicht mal der Verdienst erreicht sein als im letzten Vorjahr, dann bin ich gezwungen, die Preise danach zu erhöhen. Ausstellungen haben wir nur die der D.L.G., in Berlin vom 14.–19. Juli stattgefunden, besucht. Die Ausstellung war eine ganz großartige, noch nie gekannte. Mein Bruder Friedrich, mein Sohn Hermann und ich sind zur Ausstellung gewesen. Wir hatten dazu ein neues Zelt bauen lassen, welches wir für gleiche Ausstellungen in künftigen Jahren auch benutzen wollen.

Es läßt sich nicht mit Bestimmtheit sagen, in wieweit uns diese Ausstellung genützt hat. Meine Arbeiterzahl ist gegenwärtig auf 50 Personen angewachsen. Über 3 Wochen erhalten wir für ca. 3500 Mark neue Maschinen, zu dessen Aufstellung jetzt ein Anbau gemacht wird. Die ganzen Unkosten werden sich auf 5000 Mark belaufen. Hoffentlich wird alles dieses uns wieder leistungsfähiger machen. An Kultiva-

toren bauten wir dies Jahr, was 2 Mann machen konnten, ca. 500 Stück. Nach Südamerika lieferten wir dies Jahr 12 Windfegen, meistens mit Siebwerk.

Meine Großeltern waren sehr fromme Menschen und haben stets mit der Gemeinde, der Schule und der Kirche eng zusammengearbeitet. So haben sie auch die Entstehung des Posaunenchores eingeleitet und öffentliche Festlichkeiten in den Räumen der Fabrik veranstaltet:

Im März dieses Jahres wurde in unserer Tischlerei von unserer Kirchengemeinde ein Familienabend gefeiert, welcher mächtig besucht war von über 600 Personen. Es waren auch die Posaunenbläser aus Osnabrück anwesend, diese Musik gefiel uns sehr und gab Veranlassung zur Gründung eines Posaunenchors in unserer Gemeinde. Ich stellte das Geld für die Instrumente zur leihweisen Verfügung, ein Betrag von ca. 400 Mark.

Gegenwärtig sind es 12 Bläser. Dirigent ist Herr Lehrer Klingemann. Eingeübt sind die

Bläser in den ersten 10 Tagen von Herrn Bruder Albrecht vom evangelischen Verein aus Hannover. Nach den 10 Tagen konnte der Chor schon einige Koräle blasen, zu Himmelfahrt blies er vor der Kirche die ersten Weisen, seitdem schon einige mal mehr in der Kirche und im Freien. Die Übungen finden in unserer Montierhalle statt, allwöchentlich 2 mal, er kommt gut voran. Bis jetzt sind alle Bläser unsere Leute. Möge der Chor auch bezwecken, was er soll; nämlich das christliche Leben fördern.

Auch im Jahre 1907 entwickelten sich die Geschäfte günstig. Dadurch wurde mein Großvater ermutigt, die erste Dampfmaschine zum Betreiben seiner Werkzeugmaschinen anzuschaffen. Ein Jahr später meldete er auch die Inbetriebnahme. Der Verkauf seiner Maschinen wurde dadurch beflügelt, dass viele Landarbeiter in die Industrie abwanderten:

10. April 1907

Der Winter ist wieder vorüber und die Frühlingsboten lassen sich wieder sehen. Die Arbeit geht hier sehr eilig, in Kultivatoren war schon im März alles ausverkauft, auch in Amazonen ist eine starke Nachfrage, und es gelangten bedeutend mehr in den verflossenen diesjährigen Monaten zum Versand als im Vorjahre. Die Bilanz per 1.1.1907 ergab ein günstiges Resultat, und der Reingewinn war der höchste seit Bestehen unseres Werkes. Wir haben beschlossen, für dies Jahr eine neue 50pferdige Dampfanlage anzuschaffen, und solche soll am 1. September des Jahres betriebsfertig sein. Im verflossenen Jahre sind an Amazonen 2713 Stück abgeliefert, an Kultivatoren ca. 500 Stück. Der Geschäftsgang war also bis heute ein recht guter. Die Rohmaterialien steigen ganz bedeutend, für Eisen im Waggonbezug werden 6 monatliche Lieferungen beansprucht. Holz ist wohl zu haben, steigt aber auch noch fortwährend. [...] Die schwerste Not der Landwirtschaft ist die, daß keine Arbeiter und Arbeiterinnen zu haben sind. [...]

18. März 1908

[...] Am 25. Oktober 1907 ist unsere neue Dampfanlage in Betrieb gesetzt, alles geht recht gut, die Heizungsanlage, welche von dem abgehenden Dampf gespeist wird, geht auch recht gut. Die Spänetransportanlage, die neue elektrische Zentrale, alles ist Ende des vorigen Jahres in Betrieb gekommen, und wir haben heute einen schönen Betrieb. [...] Das Jahr 1907 hat sehr gut abgeschnitten, wir verkauften darin 3068 Amazonen und 500 Siegfried, das Einkommen überstieg alle anderen Jahre. Das Jahr war in der Landwirtschaft ein mittelmäßiges, immer kalt und naß, die Fettviehpreise gingen sehr herunter, doch das der Schweine bei Schlachtgewicht bis auf 52 Pfennig. Ferkel kosteten mitunter 3 – 5 Mark für 5wöchige. Holz und Eisen, alles ist wieder heruntergegangen. Das Geld war sehr teuer, der Reichsbankdiskont lag bei 6 – 7 %. Verluste hatten wir im letzten Jahre nicht so sehr viel, wie es in diesem Frühjahr noch gehen wird, hat man noch zu erleben. [...]

Die Beköstigung und die Unterbringung der Monteure, welche die Dampfmaschine installierten oder die großen Werkzeugmaschinen aufstellten, erledigte meine Großmutter persönlich:

> Meine liebe Frau ist jetzt sehr gesund, nur vorigen Herbst war sie sehr magenleidend und hatte wegen der vielen Monteure, welche wir oft in Kost hatten, viel zu viel Arbeit, jetzt geht es besser. [...] An Ausstellungen haben wir letztes Jahr die der D.L.G. besucht in Düsseldorf vom 6.–10. Juni. Der Erfolg in Bezug auf den Verkauf war ein ganz guter. [...]

Am 30. Juni 1909 wurde mein Vater, Erich Dreyer, geboren; ein Ereignis, das mein Großvater mit Freude in der Chronik vermerkte:

> 4. Februar 1909
> [...] Am 30. Juni kam noch ein besonderes Ereignis hinzu, es wurde uns noch ein kleiner Sohn geboren, ein kräftiger schöner Junge, Hermann gab ihm den Namen Erich.
>
> [...] Der liebe kleine Erich hat sich so gut entwickelt, Gott gebe doch, daß es ein tüchtiger brauchbarer Mensch wird in jeder Weise, zu unser aller Freude und zur Ehre seines himmlischen Vaters.

Zwar gingen die Geschäfte ›bei Dreyer‹, wie die Leute in dieser Gegend sagen, ausgesprochen gut, jedoch war das in der Industrie im Allgemeinen durchaus nicht der Fall:

> Die Industrie ist aber sehr schlecht daran, das Eisen ist auf 10 Pfennig das Kilo gesunken. Alles, Eisen, Holz, Nägel, Schrauben, Blech, alles stand zu Ende des Jahres sehr niedrig im Preise. In den Städten sind sehr sehr viele Arbeitslose und haben teils kaum zu leben.
>
> 1907 war das Geld so furchtbar rar. Der Reichsbankdiskont stand auf 7, einmal auf 8 %, heute glaube ich auf 4 %. Hoffentlich bessert sich zum Frühjahr wohl alles wieder. Unser Betrieb geht andauernd gut! Wir lieferten im vorigen Jahr 3603 Amazonen, 646 Siegfried ab, also bedeutend mehr als im Vorjahre, der Reingewinn war auch im Verhältnis hierzu soviel mehr als im Jahre vorher. Gebaut haben wir, wie schon im vorigen Bericht, die Hofmauer, dann ein Eisenlager und ein Kultivatorlager, ca. 550 Quadratmeter, außerdem ein Arbeiterwohnhaus auf der neuen Kolonie. Heute haben wir noch ein Lagerhaus und eine neue Anstreicherei von zusammen 1300 Quadratmetern zu bauen begonnen. Die alte Anstreicherei kommt mit zur Montierhalle. Außerdem wird auf dem Bahnhof Hasbergen ein Lagerschuppen gebaut von ca. 140 Quadratmetern. Da das Geschäft doch so gut geht, müssen wir uns doch auch Mühe geben, den Wünschen der Kundschaft nachzukommen, im Sommer pünktlich zu liefern, und das geht nur bei gutem Platz, vornehmlich großen Lägern. Unsere Maschinen gehen alle tadellos, und ich freue mich doch, die Neuanlagen 1907, die Dampfmaschine, Kessel, Heizungsanlage, Spänetransporteur u.s.w. angelegt zu haben, der Betrieb ist doch ein ganz anderer geworden.
>
> Ausstellungen besuchten wir 1908 in Stuttgart, ich selber konnte wegen Hermann und meiner lieben Frau nicht hinkommen, diese war vom 25.–30. Juni. Die Erfolge waren wohl nicht so handgreiflich, weil wir da eben weniger eingeführt waren. Es holt aber die eine Kundschaft die andere, so daß wir doch wohl auf unsere Kosten kommen.
>
> Wir müssen ja hinaus in die Welt, dazu mit zu helfen, da ist doch gerade die Ausstellung der D.L.G. wohl das richtige Mittel. Im April bauten wir auf den Wasserturm ein Häuschen, darauf geht jeden Sonnabend der Posaunenchor und bläst einige Verse vom Koral, der am Sonntag in der Kirche als Hauptgesang gesungen wird. Hoffentlich erbaut sich daran noch wohl jemand und schickt mit den erhabenen Tönen auch sein Danklied zu Gott.
>
> Die Schulen sind hier auch durch gute Lehrer besetzt. Herr Rode kam im Frühjahr 1908 vom Militär, übernahm die Stelle, die er schon vor seiner Militärzeit inne hatte. Im Herbst 1908 ging hier der erste Lehrer namens Mahler zur größten Freude der Gemeinde fort, das war ein

Erich Dreyer, geboren 1909

Rechts:
Erstes Werbeposter der Landmaschinenfabrik H. Dreyer, Gaste, ca. 1912

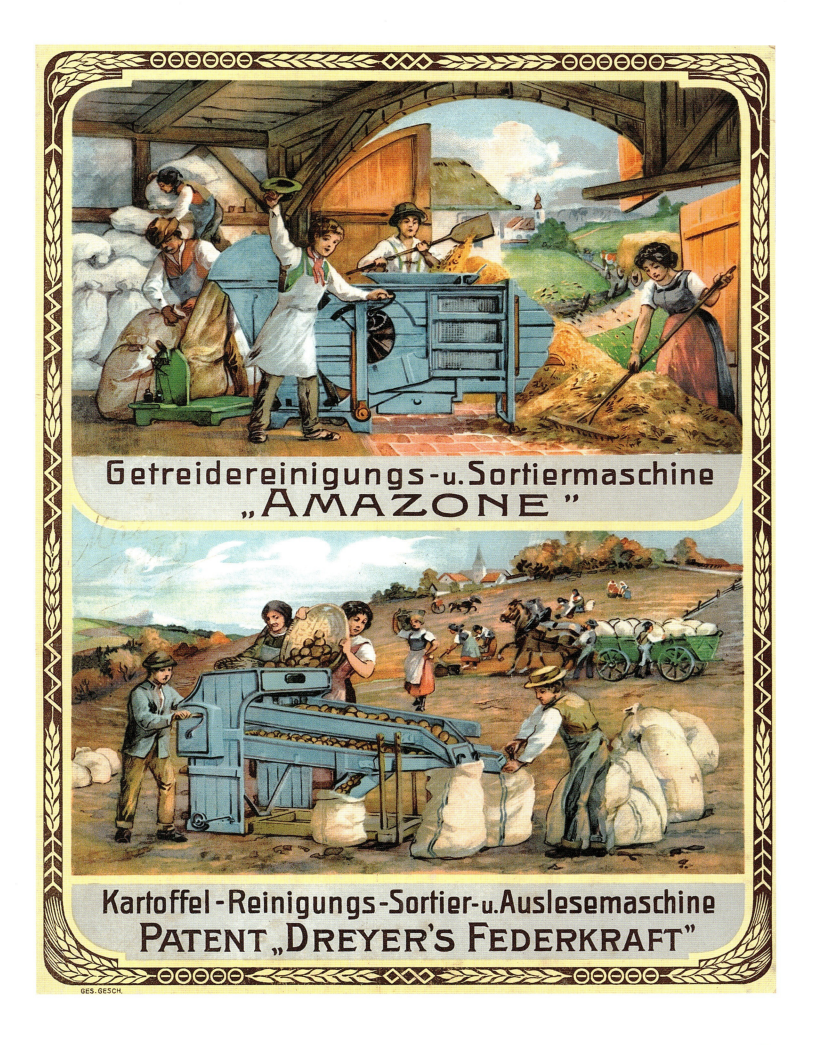

Getreidereinigungs- u. Sortiermaschine „AMAZONE"

Kartoffel-Reinigungs-Sortier- u. Auslesemaschine PATENT „DREYER'S FEDERKRAFT"

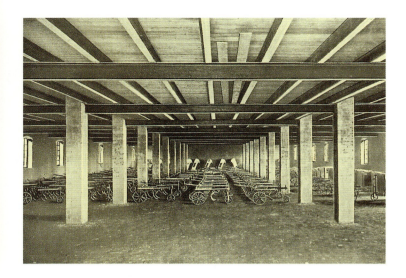

Es werden riesige Lagerflächen benötigt, um die Fertigung das ganze Jahr über einigermaßen regelmäßig auszulasten.

Rechts:
Heizkessel für die Dampfmaschine, mit der über eine Transmission die Werkzeugmaschinen angetrieben wurden.

Geizhals im wahren Sinne des Wortes. Dafür bekam Herr Rode die erste Stelle, und für die zweite Stelle kam ein Herr Schulte, beide sehr

tüchtige, brave Lehrer, die gehen bei uns in Kost, zu Mittag & Abendessen. Heute, am 4.2., schreiben wir die Amazone Nr. 23 067.

Anfang 1910 machte mein Großvater eine ausführliche Eintragung. Er beschreibt darin die Entwicklung der Firma und der Lebensmittelpreise, berichtet über die Witterung des vergangenen Jahres – alles Themen, die in schöner Regelmäßigkeit im Tagebuch auftauchen. Darüber hinaus schreibt er eingehend über die Zeiten, von denen ihm sein Vater erzählt hat. Dabei beklagt er sich darüber, dass die Zeitungen, die Gewerkschaften und auch die Pastöre von den Kanzeln den Leuten einreden, wie schlecht es ihnen ginge und wie sehr sie unter der Industrialisierung leiden müssten. Auch hier sind die ›guten alten Zeiten‹, die doch so gut gar nicht waren, ein Thema.

Das erinnert sehr an die Gegenwart, zum Beispiel an die Situation in den neuen Bundesländern, wo trotz enormer Unterstützung aus den alten Bundesländern so viele Leute unzufrieden sind, wie es ihnen die Politiker und die Medien einreden. Oft werden nur die Nachteile erwähnt und nicht, wie viel besser es selbst den Arbeitslosen geht.

15. Februar 1910
[...] Das Geschäft war für 1909 ein gutes. Der Absatz in Amazonen war 4120 Stück, in Siegfried 717 Stück, also mehr als 1908: Amazonen 517 mehr, Siegfried 71 mehr.

Der Reingewinn war dem Mehrabsatz auch entsprechend. Wir schreiben in Amazonen heute die Nummer 27 560.

Im vergangenen Sommer am 25. August hatten wir die 25tausendste Amazone fertig. Ich hatte ja versprochen, eine Feier zu veranstalten, aber wegen des Heimgangs unseres lieben Hermanns konnten wir das ja nicht, und ich versprach, bei 30 000 diese Feier zu geben. Das wird nun wohl diesen Herbst geschehen, wenn uns Gott diesen Tag glücklich, gesund & wohl erleben läßt. An Ausstellungen besuchten wir die Deutsche Landwirtschaftliche in Leipzig.

Friedrich, H. Teckemeyer, Wilh. Wessel und ich waren da. Der Erfolg war ja wie bei allen Ausstellungen: Bei den von hier weit entfernten, wo wir noch nicht eingeführt sind, spürt man den Erfolg sofort ja nicht so.

Gebaut haben wir ja 1909 einen neuen Lagerschuppen hier und am Bahnhof und die neue Anstreicherei. Dieses Jahr wird ein neues Kontor und eine neue Schlosserei gebaut.

Die Witterung im verflossenen Jahre war sehr ungünstig. Zu Anfang bis Ende Juni sehr trocken und sehr kalt, der Heuwuchs war ganz miserabel, nicht mal die Hälfte einer normalen Ernte gab es. Alles schien vertrocknen und verkümmern zu wollen. Das Getreide stand trotz der traurigen Witterung immer noch sehr gut. Da kam Ende Juni der erhoffte Regen, aber in solchem Übermaß, daß man die Heuernte halb

Mit dieser Dampfmaschine wurden 1909 die Dreh- und Bohrmaschinen angetrieben und über einen Dynamo (links im Bild) wurde der Strom erzeugt.

verdorben, das wenige was gewachsen war, herein holen konnte. Der Regen hielt fortwährend an, der Roggen wuchs in den Stiegen lang aus, doch in höchster Not kamen hier ein paar trockene Tage und schnell wurde der Roggen hereingeholt, oft lange nicht trocken. So ging es weiter auch mit der anderen Frucht, immer naß und immer naß, den ganzen Herbst. Der Roggen war an nassen Stellen garnicht zu säen, wie man hört, soll an manchen Ort die Saat garnicht in die Erde gekommen sein. Hier hat sich jeder noch so damit geholfen. Futter wuchs zum Herbst genug, und bis Weihnachten konnte von draußen noch Futter geholt werden.

Einen Winter haben wir bis heute noch nicht gehabt, nur 1 – 2 Tage etwas Frost, dann gab's wieder Regen & Schnee. Immer noch Regen im Überfluß bis zum heutigen Tage. Heute steht ein Komet mit langem Schweif am Himmel in nord-westlicher Richtung, er ist seit 14 Tagen abends von 6 $\frac{1}{2}$ – 7 Uhr zu sehen, man sieht ihn nur sehr sehr schwach, er nimmt heute schon wieder ab. Diesen Sommer soll noch ein Komet, der Halleysche genannt, kommen.

Die Getreidepreise waren verflossenen Sommer sehr hoch, heute sind sie wieder heruntergegangen, ein Sack Weizenmehl (200 Pfund) kostet heute 32 Mark, ja noch ein sehr guter Preis. Fleischpreise sind: Rindfleisch 60 Pfennig, Schweinefleisch 66 Pfennig Schlachtgewicht. Die Viehpreise, Zucht und Magervieh sind gegenwärtig hoch. Butter kostet durchschnittlich 1,20 Mark pro Pfund. Eier 14 Stück 1 Mark, sie haben diesen Winter aber auch schon 10 Stück 1 Mark gekostet.

Das Interesse an der Politik auch unter den gewöhnlichsten Leuten wächst von Jahr zu Jahr; es kommt wohl von den vielen Parteiführern & deren vielen Zeitschriften.

Reden wurden von diesen Führern alle Augenblick gehalten, jetzt auch, wo doch garkeine Wahl bevorsteht, so etwas kannte man früher nicht. Jede Partei bringt neue Klagelieder vor und führt alles mögliche an, was gebessert werden müßte. Dabei sind die Zeiten wahrlich doch heute nicht so schlecht, es geht wieder bedeutend besser als voriges Jahr, alles steigt wieder im Preise, Holz, Eisen, überhaupt alles, die Baulust nimmt auch wieder zu. Der Reichsbankdiskont hat auf 5% gestanden, heute soll er auf 4% herunter gegangen sein. Eisen habe ich hier diesen Winter zu 102 Mark franko gekauft. Heute ist der Preis um 10 Prozent gestiegen, ich habe für dies Jahr aber alles da.

Wenn man oft Reden hört und Schilderungen liest, wie schlecht die Zeiten heute sein sollen, so muß man doch sagen: »Leute, die ihr schon vor 40 – 50 Jahren lebtet, ist es Euch vergessen, wie die Zeiten damals waren?« Wie so schnell vergißt der Mensch doch das Vergangene.

Ich halte es für zweckmäßig, doch an dieser Stelle mal wieder zu schreiben, was ich erlebte, und das, welches mir mein seliger Vater von seiner Zeit mehr denn einmal erzählt hat, damit man doch nicht vergißt, wie es früher war, und nicht noch in guten Zeiten klagt, wo man doch zu danken hätte und zufrieden sein sollte.

Zu Lebzeiten meines seligen Vaters waren die hiesigen Bauern fast alle Leibeigene der hier

»Wenn man oft Reden hört, wie schlecht die Zeiten heute sein sollen, so muß man doch sagen: Leute, die ihr schon vor 40–50 Jahren lebtet, ist es Euch vergessen, wie die Zeiten damals waren?«

Lager- und Verladeschuppen
an der Bahnstrecke Osnabrück –
Münster in Hasbergen, ca. 1910.
Hierher wurden die Maschinen
mit Pferdefuhrwerken gebracht.

umliegenden adeligen Güter. Diese mußten gewisse Hülfe leisten (Spanndienste), mußten Abgaben an Korn und Geld dem Adeligen geben, der Letztere hatte alles zu bestimmen. Die Bauern konnten zu nichts kommen, waren durchweg arm. Der Grund und Boden kostete fast nichts, geerntet wurde wenig. Viehhaltung war eine schlechte. Im Frühjahr mußten die Kühe wegen vollständiger Abmagerung von mehreren Personen auf die Beine gestellt werden, sie konnten selbst wegen Schwäche nicht mehr aufstehen, die Nachbarn halfen sich gegenseitig darin.

Das Futter der Kühe im Winter bestand bei vielen fast ausschließlich aus Roggen- oder Weizenstroh. Die Nahrung der Leute hier auf dem Lande bestand aus: morgens Hafergrütze mit Wasser und etwas Milch gekocht; wenn die Kühe noch etwas Milch gaben, gab's auch wohl Mehlsuppe, sehr oft fast nur in Wasser gekocht, bei besser gestellten mit etwas Milchzusatz, diese nannte man ›Süppken‹. In eines der beiden wurde tüchtig Schwarzbrot gebrockt, das war dann die erste Tagesmahlzeit, vielleicht um 7 Uhr morgens. Die nächste Mahlzeit war um 12 Uhr, dann gab's Kartoffeln mit Gemüse durcheinander mit Salz. Fleisch gab es einmal oder zweimal in der Woche zu Mittag, das war die zweite Mahlzeit. Dann die dritte abends 7 Uhr, wieder dasselbe wie die erste, Hafergrütze oder Süppken mit Schwarzbrot, auch gab es wohl das übergebliebene Mittagessen, das war alles. Diese Regeln galten nach der Aussage meines Vaters wohl 1820 – 40. Dann wurden bei den besseren noch 2 Mahlzeiten eingeschaltet, genannt Frühstück und Vesperbrot, die wurden aber nur

im Sommer gegeben. Das alte Sprichwort sagt es auch: »Ellernblatt äs'n Grösken graut, dat gif den Buer wier 'nen Vesperbraut.« [Wenn die Erlenblätter so groß wie Groschen sind, dann gibt der Bauer wieder ein Vesperbrot.]

Später mußten alle es geben und sehr bald auch im Winter. Weißbrot wurde fast garnicht gebacken, man nannte es Stuten, es wurde nur zu den Festtagen, also Weihnachten, Ostern und Pfingsten, gebacken.

Das Sprichwort über dieses Stutenbacken hieß: »Weihnachten backet Jann und olle Mann, Oustern wer dat kann, Pinksen de rieke Mann.« [Weihnachten backt jeder, Ostern der, der kann, und Pfingsten der reiche Mann.]

Zu diesem Stutenmehl wurde dann noch oft alles mögliche verbeutet, Bohnen, Gerste, Buchweizen und Weizen, gewiß ein kräftiges Gemisch, aber ein gesunder Magen gehörte wohl dazu. Das waren die Mahlzeiten und die Speisen der Zeiten noch vor 50 Jahren. Dazu kommt noch, wie ein Jahr, ich glaube 1847 oder 48, wo hier nichts gewachsen war, die Ähren der Getreidehalme fast gar keine Frucht trugen. Es gab keine Eisenbahn, kein Geld, Kartoffeln waren verfault, alles mögliche wurde zusammen gebacken, um nur etwas Nahrung zu haben, Wurzeln aller Art wurden gesucht, um sich zu nähren.

Die Arbeit damals und der Verdienst, ach welch traurige Zeit. Alles mußte mit der Hand gemacht werden, welch traurigen Ackergeräte. Das Dreschen geschah mittels Flegel, morgens spätestens 4 Uhr wurde begonnen, bis 7 Uhr kräftig gedroschen, dann erst gab es das erste Essen. Das Reinigen des gedroschenen Getreides geschah mit einer Wanne, die wurde auf und ab geschwungen, der dadurch entstehende Luftzug schied die Spreu ab, aber wie kläglich. Das Häcksel für Pferde wurde mit einer einfachen Schneidelade von einem Mann geschnitten, jeden Morgen für den kommenden Tag, keine Mähmaschine gab's, alles mit der Sense. In jedem Hause war die Leinenspinnerei und Weberei, dieses Spinnen und Weben wurde im Winter gemacht, vom Hausherrn und der Frau, von Knechten und Mägden, einige Rollen, ich weiß nicht mehr, wie viele Ellen.

180 Ellen nannte man einen Lebbent, davon wurden je nach Fleiß einige oder mehrere an

die Kaufleute in der Stadt verkauft, um etwas Geld zu bekommen. Die meisten Kleider webte sich jeder selber aus Leinen, dies wurde entweder blau gefärbt oder, wenn's ein besserer Anzug werden sollte, bedruckt.

Einen besseren Tuchanzug gab's wohl nur einmal im Leben, höchstens zweimal, bei der Konfirmation und bei der Trauung. Bei ersterer wurde in der Regel der Anzug eines verstorbenen Großvaters oder der Großmutter genommen und umgenäht, oder der Geschwister, welche heraus gewachsen waren.

Mein Vater hat mir oftmals erzählt, daß hier die Leute im Winter, und wenn ich nicht irre, sogar auch er, von hier nach Osnabrück gegangen seien zum Dreschen mit den Flegel, dort mindestens 5 Uhr anfangend, des Abends wieder nach Hause für 10 Gutegroschen, wohl 1 Mark nach jetzigem Gelde, natürlich bei eigener Kost. Wenn er mit seinem Handwerkszeug hier nach den Bauern ging & ihnen alles zurecht machte, so verdiente er 5 Groschen und was zu essen. Der Knechte Lohn war 15 – 18 Taler das Jahr, der Mädchen Lohn 3 – 5 Taler das Jahr. Dazu wurde Flachs gesät, was sich die Dienenden im Winter dann spinnen & weben konnten. Meiner zweiten Mutter höchster Lohn ist 5 Taler gewesen.

Der Flachs und Hanf wurde reichlich gesät, wenn er reif war, gezogen, eingeweicht, aufs Feld ausgebreitet, gebrakt und geschwungen, alles mit der Hand. Welch schwere Arbeit, ehe das Leinen fertig war. Zeitungen gab es auf dem Lande nicht, Briefboten ebenfalls nicht. Die Briefe, welche kamen, wenn überhaupt welche kamen, wurden in einem Geschäftshause, wo der Betreffende wohl verkehrte, niedergelegt. Wenn derselbe nun mal dort gelegentlich hinkam, so gab der Wirt ihm den Brief mit oder schickte ihn auch wohl durch Nachbarn. Die erste Eisenbahnstrecke Rheine – Osnabrück – Hannover wurde im Jahre 1853 gebaut, vordem hatte noch keiner eine Eisenbahn gesehen. Allerlei Märchen wurden dann von diesen Eisenbahnen und den Maschinen erzählt, alle wünschten, recht wenig von solchen Ungeheuern möchte gemacht werden, denn, was sollten sonst die Pferde mehr tun, für Maschinen war man erbaut, man fürchtete, die Arbeit möchte sonst noch rarer werden, als sie schon war. Kein Telegraph, kein Telephon kannte man. Dann das

Licht: Man hatte für gewöhnlich Öllampen, das war eine geschmiedete und gelötete Lampe.

Die Stehlampe war eine bessere und war nur in wohlhabenden Familien zu finden, meist aus Zinn oder Messing angefertigt. Diese Lampen hatten einen ca. 8 – 10 mm dicken Docht, welcher in den Behälter gelegt wurde, das eine End stand oben noch vorne heraus, in den Behälter wurde Öl gegossen. Dieses Öl wurde gewonnen vom Flachs oder der Leinfrucht vom Flachs oder Leinsamen, der Samen wurde in Ölmühlen gepreßt und das gewonnene Öl als Lichtöl verwandt. An der Lampe hing ein Pröckel, womit man den Docht, wenn er nicht hell genug brannte, herauspröckelte.

In jedem Hause, je nachdem ob es ein geringes oder wohlhabendes war, gab es eine, zwei oder drei Lampen. Beim Spinnen wurde eine solche mitten in der Stube aufgehängt, alle setzten sich rund herum. Auf der Diele brauchte man oft garkeine Lampe, das große Herdfeuer wurde angezündet und leuchtete über die ganze Diele.

Dann mit dem Feuer anmachen: Man rührte abends das Herdfeuer zusammen und deckte die Feuerstülpe darauf, es war dann am andern Morgen meistens noch eine glimmende Kohle auf dem Herd. Diese wurde dann solange angeblasen und angefacht, bis man wieder durch Strohauflegen ein Flämmchen hatte. War keine glimmende Kohle mehr, so lief man oft mit einem alten Holzschuh, gefüllt mit alten Lumpen, zum Nachbarn & holte sich dort Feuer, davon zeugt noch heute das alte Sprichwort, wenn man einen besucht und zu rasch wieder weg will: »Dat is kein Besöuk, dat is je jüst, os wenn du Füer halen wult.« [Das ist kein Besuch, das ist genauso, als wenn du Feuer holen willst.] Auch wurde wohl mittels Feuersteinen Feuer geschlagen und in sogenannten Schwamm oder Lunten (altes Zeug) die Funken aufgefangen, dann wurde durch hin & herbewegen der feuergefangenen Lunte nach und nach Feuer erzielt. An sehr vieles von diesem hier niedergeschriebenen kann ich mich noch aus den Kinderjahren erinnern, es gesehen zu haben. Ich selbst habe, mit meiner Zimmerlade auf dem Rücken, hier noch verschiedenen Bauern allerlei im Hause zurecht gemacht, verdiente pro Tag 1 Mark & was zu Essen. Es war um die Zeit, wo ich 18 – 20 Jahre alt war, also noch im Jahre 1880 – 82. Was liest

»... für Maschinen war man nicht erbaut, die Arbeit möchte sonst noch rarer werden ...«

man nicht oft, was hört man nicht oft für Reden, sogar von Pastören auf den Kanzeln, wie wird die jetzige Zeit oft geschildert: »Der schrille Ton der Fabrikpfeife ertönt, die saure Tagesarbeit muß wieder aufgenommen werden, man spricht von Hasten & Jagen, von aufreibender Arbeit, von dem schrecklichen Surren der Maschinen, und was Gott weiß nicht alles mehr.« Die Jugend hört diesen Gesang und glaubt wohl fast, es hätte keiner schlimmere Zeiten erlebt als sie. Man kann's ihnen ja auch nicht verdenken, sprechen es ihnen doch auch die leitenden Personen vor.

Ach diese Menschen, welche diese Reden halten von der guten alten Zeit und die jetzige so schwarz malen, haben die alles alte, traurige vergessen? Oder sind sie in Hülle & Fülle aufgewachsen und haben nichts verspürt von diesem kümmerlichen Leben der alten Zeiten? In manchen Fällen ist letzteres wohl der Fall.

Sie sollten sich doch freuen über all die schönen Maschinen, sie müßten es doch und könnten nicht anders, wenn sie selbst die schwere Handarbeit mitgemacht hätten.

Wenn man das richtig bedenkt, wie viel schwere Arbeit die Maschine den Menschen abnimmt, dann hört sich das Summen der Maschinen wie ein schönes Liedlein an und das Flöten der Dampfpfeife als ein Jauchzerruf. Ich, der ich dies schreibe, wünsche mir nicht die alte gute Zeit zurück, ich fühle mich am wohlsten inmitten des Gesanges meiner schönen, guten, lieben Maschinen, und wer etwas Nachgedanken hat, muß es mit mir tun. Danken wollen wir Gott, der alles so herrlich regiert, der uns hat leben lassen in dieser so entwicklungsreichen Zeit.

Danken, danken wollen und müssen wir und bewundern unsere anspruchslosen Vorfahren, die es viel viel schwerer hatten als wir und dabei genügsam waren. Gott hat uns diese Vorzüge geschenkt, wir aber sind trotzdem undankbar und unzufrieden.

Vergnügungen und Lustbarkeiten, die schwirren der jetzigen Welt in den Köpfen; Luxus, Klassenstolz, Unsittlichkeit, oft nicht zu knapp. Wohin will das hinaus, ihr Bewohner von dem lieben deutschen Vaterlande? Wächst das so weiter, dann sind wir verloren, trotz der wirklich guten Zeiten. Daß wir das doch mehr bedächten.

Es sei ferne von mir, daß ich sagen will, nicht danach zu streben, besser gestellt zu sein, das darf jeder Stand ruhig machen, aber auf vernünftigem Wege. Dem Arbeiter müssen die neuen Maschinen ebensogut zu Gute kommen, als jedem andern, und einer sollte es dem anderen von Herzen gönnen, wenn er ihn besser gestellt sieht. Auch mehr Verdienst und geringere Arbeitszeit ist dem Arbeiter wohl zu gönnen, er muß für das Erreichte seinem Gott auch dankbar bleiben und soll seine Besserstellung nicht benutzen zu Luxus und unsolidem Leben, dann ist das Erreichte nur ein Schaden & kein Nutzen. Man solle seine Ziele auf vernünftigem und Gott wohlgefälligem Wege zu erreichen suchen, und wenn man was erreicht, auch dankbar anerkennen. Dann kann auch sein Mitmensch sich über einen freuen. Das gilt für alle Stände, es ist nicht zu spüren, daß es in den höheren Ständen etwas besser steht mit der Genügsamkeit als bei dem kleinen Mann. Das Traurige bei Ersteren ist das oft hohe und verächtliche Herabsehen auf Stände, die niedriger sind. Wer sollte das nicht spüren können? Und dann ist es kein Wunder, wenn sie dadurch selber den Haß gegen sich großzüchten.

Nicht Geld und Gut, nicht Rang und Stand, nicht Bildung sind die Vorbedingung der Menschenachtung, sie sollten niemals die Vorbedingung der Achtung sein, sondern jeder Mensch, und sei es der ärmste & einfachste, der wirklich brav ist, der sich bestrebt, seine Pflicht zu tun, der treu erfunden wird, der ist der Achtung wert. Ein Hochgestellter in Rang & Beruf, dem diese Treue & Bravheit fehlt, ist nicht wert, dem Armen, Treuen seine Schuhriemen aufzulösen. Dies Gefühl, das fehlt uns Menschen leider nur zu oft. Es ist aber einer, der uns Menschen richtig einzuschätzen versteht, da hilft kein glänzen wollen mehr, und dieser ist, »der Schöpfer und Erhalter von allem, was wir sehen, was wir Himmel & Erde nennen, und von noch vielem mehr, wofür wir keinen Namen noch Worte haben.« Ich bin kein Gelehrter und kann mich als solcher nicht ausdrücken, ich habe es versucht auszudrücken, wie ich es mir mit meinem schwachen Verstande denke.

Hier auf dem Lande ist es heute mit den Gegensätzen von Hoch & Niedrig noch nicht so schlimm, auch mit der Unzufriedenheit noch nicht. Ich habe über meine Leute nicht das geringste zu klagen, wir leben doch noch so schön und friedlich zusammen. Ich höre doch von keiner Unzufriedenheit sprechen, die meinen Leuten ernst wäre. Meine Leute und ich, wir gehören keinem Verbande an, wir können ohne ganz gut zusammen fertig werden. Diese Beiträge, worin die Parteileiter oft schwelgen, und was doch sehr oft verkrachte Karaktäre sind, können wir uns selbst zu Gute kommen lassen. Gebe Gott, daß es so bleibe, daß uns die Stadt mit ihrem Gift fernebleibt, hier weht reine, frische Luft, frisch die Gottes Natur.

Hiermit will ich für diesmal schließen.

So beschreibt mein Großvater die Unzufriedenheit mit der Entwicklung, besonders in den sich entwickelnden Ballungsgebieten. Die Leute auf dem Land dagegen lebten bescheidener, zufriedener mit ihrem Leben, im Einklang mit der Natur, mit Gottes Natur.

Das Jahr 1910 war auch insofern ein wichtiges Jahr, als Heinrich Dreyer sein Programm um eine wichtige Neuentwicklung erweiterte: die Kartoffelsortiermaschine. Gemeinsam mit einem sehr guten Freund, Herrn Heinemann, dem Inhaber der Landmaschinen-Großhandlung HAGEDORN & SANDER in Osnabrück, entwickelte er den Prototyp, der sofort auf großen Anklang stieß und später zu einem Hauptumsatzträger der Firma werden sollte:

30. Mai 1911

[...] Das Geschäft ging 1910 ganz besonders gut, wir verkauften 4666 Amazonen und 1206 Kultivatoren, der Abschluß war ein sehr guter, wie die Bilanz es nachweist.

Die Ausstellung der D.L.G. war in Hamburg, welche wir wegen des dortigen Platzmangels beschränkt beschicken mußten. Heute ist diese Ausstellung in Cassel und wir beschicken diese bedeutend größer. Im Dezember vorigen Jahres fingen wir auf Anraten der Firma Hagedorn & Sander in Osnabrück an, Kartoffelsortiermaschinen zu bauen, ich erfand eine besonders schöne Maschine dafür und die Firma bestellte sofort 500 Stück und kurz nachher wieder 250 Stück, anscheinend will das gut gehen, der Herbst wird es uns zeigen. Sonst sind bedeutende Erfindungen nicht gemacht.

»Ich erfand eine besonders schöne Maschine dafür und die Firma bestellte sofort 500 Stück.«

Kartoffelsortierer ›Federkraft‹, 1910

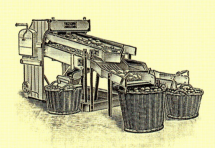

Ausleseapparat an Patent „Federkraft" mit Vorbauausläufen.

Ausleseapparat an Patent „Federkraft" mit Halsausläufen.

Patent „Federkraft" Ausleseapparat, geschützt durch zwei D. R. G. M., ist bei Federkraft aller Nummern gleich gut zu verwenden, nur nicht an der Federkraft Nr. 4 und Nr. 3 mit Halsausläufen.

Bei Benutzung des Apparates wird an der Patent „Federkraft" nichts geändert, der Apparat wird **einfach vorgehängt.** Die sortierten Kartoffeln, welche die Maschine verlassen, rutschen langsam an der auslesenden Person vorbei, die **faulen und kranken Kartoffeln sind bequem herauszuheben,** die guten rollen weiter in untergestellte Behälter.

Der Apparat ist **höchst einfach, zweckmäßig und billig,** alle anderen bestehenden Apparate sind hiergegen wenig wert.

Preis des Apparates: zu Nr. 00 Mk. 14.—, zu allen anderen Nummern Mk. 10.—.

Am 6. Oktober vorigen Jahres feierten wir das Fest der Fertigstellung der 30tausendsten Amazone & des 4000sten Kultivators. Das Fest wurde gefeiert wie damals die Zehntausendste. Die Feier begann um 3 Uhr nachmittags, es waren geladen und erschienen alle meine Leute nebst den Frauen der verheirateten & einige Schwestern der jugendlichen, im Ganzen waren über 150 Gäste erschienen. Es war eine herrliche Feier, woran wir uns alle noch recht gern erinnern.

Feier anlässlich der Fertigstellung der 30 000sten ›Amazone‹ und des 4000sten Kultivators ›Siegfried‹, Oktober 1910

Im Jahre 2001 hatte Europa stark unter der Maul- und Klauenseuche zu leiden, was von den Medien sensationslüstern und dankbar aufgegriffen und entsprechend dramatisch aufgebauscht wurde. In England allerdings nahm die Seuche wirklich dramatische Ausmaße an.

Doch auch schon in früheren Zeiten trat diese Seuche in unregelmäßigen Abständen auf, jedoch wurde darum nicht so viel Aufhebens gemacht:

Das Jahr 1910 war für die Landwirtschaft ein wohl mittelmäßiges zu nennen, mehr nicht. Auch wie 1909 war es sehr naß. Heu und Getreide konnte kaum trocken hereingebracht werden, es war wohl genug gewachsen, aber sehr viel ist verdorben. Die Viehpreise waren gut.

Diesen Winter bis heute ist in ganz Deutschland die Maul- und Klauenseuche ausgebrochen, und so stark, daß auf alle Ausstellungen kein Rindvieh & keine Schweine kommen, also nur Pferde. Heute scheint es im Abnehmen zu sein. Der Handel und daher die Preise haben darunter sehr gelitten, sehr viel Vieh mußte geschlachtet werden, da es ein Überangebot an Fleisch gab. Die Märkte wurden aufgehoben, daher war das Fleisch billiger.

Hier in Gaste und den nächsten umliegenden Gemeinden war die Seuche nicht.

Interessantes berichtet mein Großvater auch vom Wetter. Das erinnert an das Wetter der letzten Jahre, das ähnlich kommentiert wurde.

Die Witterung dieses Frühjahr ist sehr gut gewesen, alle Früchte stehen herrlich, gegenwärtig weht seit 8 Tagen ein sehr trockener Ostwind, und uns fehlt hier auf dem schweren Boden sehr nötig Regen. Einen Winter haben wir wieder fast garnicht gehabt, das Eis ist höchstens für einige Tage bis zu 2 cm dick gefroren. Schnee gab es fast garnicht, es scheint, als ob die alten strengen Winter überhaupt nicht mehr kommen.

Ich kann mich gut daran erinnern, dass wir während des Zweiten Weltkrieges, also von 1939 bis 1945, sehr wohl strenge Winter mit viel Frost und Schnee hier in Norddeutschland hatten. Wir Kinder sind wochenlang in den Nachbarberg gezogen und Schlitten gefahren oder auch Schlittschuh gelaufen.

Ein besonders harter Winter war 1953, wo aufgrund von fehlendem Heizmaterial viele Schulen und Universitäten geschlossen werden mussten. Ich studierte zu der Zeit in Köln und kann mich gut daran erinnern, dass in unserem Haus sämtliche Wasserleitungen zugefroren waren und nur der kleine Entlüftungshahn im Keller noch Wasser spendete. Der strenge Winter dauerte so lange an, dass noch im März in Gaste die Teiche dick zugefroren waren.

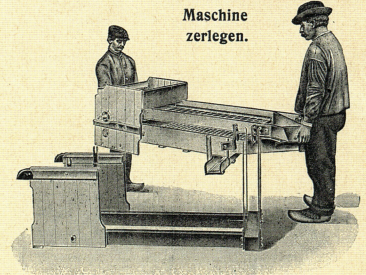

Stahlfedern.

„Dreyers Federkraft" hat **Stahlfedern** eigenartig konstruiert mit **Schlitzen und Stahlanlagen**, geschützt durch **D. R. G. M.** Kein **Brechen, kein Verziehen** der Federn mehr.

Hier folgen nun bildlich zwei Ansichten über die Zweckmässigkeit und Einfachheit der Zerlegung.

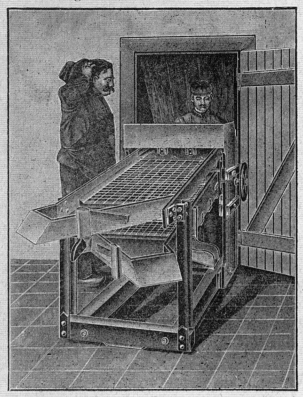

Die Maschine soll in den Keller, geht aber nicht hinein.

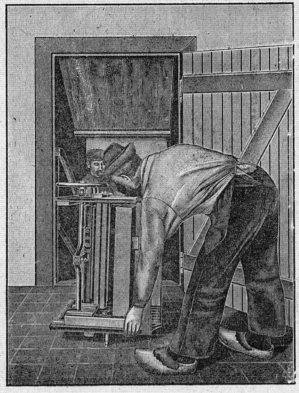

Die Maschine geteilt, geht jetzt bequem hinein.

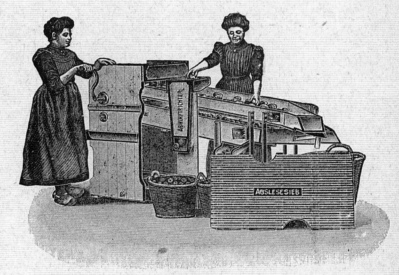

Abbildung 9.

„Federkraft" mit Auslesesieb und Abwurftrichter. Die auslesende Person braucht nie die Augen vom Sieb zu wenden, das Abwerfen der faulen Kartoffeln kann gleich auf dem Sieb geschehen und rollen gesammelt in den Korb.

Osnabrücker Buchdruckerei
vorm. Carl Otto Früh, G.m.b.H.

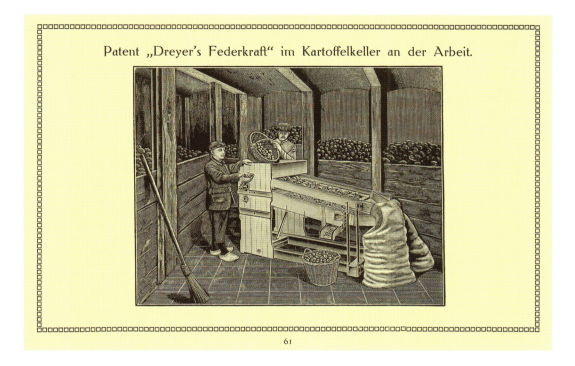

Patent „Dreyer's Federkraft" im Kartoffelkeller an der Arbeit.

61

Mit diesem Kartoffel-
sortierer gewann
Heinrich Dreyer 1912
in Rom als Einziger
einen 1. Preis.

Katalog-Beilage.

Kartoffelreinigungs-, Sortier- und Auslese-Maschine
Patent Dreyers Federkraft

Modell 1913

Großartig verbessert!

Zum Reinigen, Sortieren
und Auslesen von Kartoffeln,
auch Aepfel, Apfelsinen,
Zitronen, Rüben, Zwiebeln,
Nüsse.
Sand und Kies.

Außerdem auch Getreide
und alle Hülsenfrüchte.
Dazu Aufsetzrumpf und
besondere Siebe erforderlich,
Preis auf Anfrage.

Auszeichnungen:

Deutsche Landwirt-
schafts-Gesellschaft
Kassel im Juni 1911:
„Neu
und beachtenswert!"

Rom April 1912:
Einziger
erster Preis!

Probe nach Wunsch.

H. Dreyer, Gaste Post Hasbergen bei Osnabrück
(Hannover)

Telegramm-Adresse: Amazonenwerk Osnabrück —— Grösstes Werk für Kartoffelsortiermaschinenbau.

12. 12. 5000.

Auch im Jahr 1963/64 hatten wir einen strengen Winter, d.h. von November bis März durchgehend Frost und Schnee, sodass alle Bautätigkeit unterbrochen war. Das zeigt doch, dass man immer wieder mit starken Schwankungen beim Wetter rechnen muss.

Das Jahr 1910 war eines der wichtigsten Jahre in der Entwicklung des AMAZONEN-WERKES: Die Kapazitäten wurden stark ausgebaut.

Ich muß nochmal auf unser Geschäft zurückgreifen, denn ich habe doch noch viel vergessen. Gebaut haben wir 1910 unser neues schönes Kontor, eingezogen sind wir am 24. Mai, also ein volles Jahr schon arbeiten wir in den schönen, mir lieb gewordenen Räumen. Außerdem bauten wir unsere neue Schlosserei und verlegten Drehbänke und Bohrmaschinen schön in diesen Raum, auch die Schmiede ist dadurch jetzt bedeutend besser. Durch letzteren Neubau mußten wir unsere alte Werkstatt, wo wir erst drin anfingen und die mein Vater noch gebaut hatte, abbrechen. Viele teure Maschinen haben wir uns zugelegt, es weist die Bilanz dieses nach. Dann bauten wir im November & Dezember unser neues zweistöckige Lagerhaus, wegen des gelinden Winters erhielten wir es noch vor Weihnachten gut unter Dach, wir haben dadurch Platz erhalten, was uns sehr gut zu statten kommt, auch wegen der Kartoffelsortierer.

Ähnliches zeigen auch die Aufzeichnungen meines Großvaters über das folgende Jahr 1911.

14. Mai 1912
Der schöne Mai ist wieder gekommen, alles ist grün, auch ist er in den letzten 8 Tagen gut zu nennen, nur die letzte Nacht hat es wohl etwas gefroren. Anfang Mai und Ende April war es sehr kalt, und die Birnen- und Kirschenblüten sind wohl fast sämtlich verfroren. Wie es mit den Apfelblüten wird, ist noch nicht zu sagen. Im Januar & Februar haben wir keine Nachtfröste, im April & Mai dann sind sie da, das ist, wie wir Menschen meinen, verkehrt, doch es wird wohl so sein müssen. Rasch ist das Jahr wieder verflogen. [...]

Ich muß nun auf die Witterung des verflossenen Jahres zurück kommen. Das ganze Jahr

1911 war bis Oktober sehr sehr trocken, sehr vieles ist vertrocknet. Merkwürdigerweise sind die Halmfrüchte noch gut geraten, auch der erste Schnitt Heu, das war aber auch alles. Die Wiesen vertrockneten nach dem ersten Schnitt vollständig, fast kein grüner Halm war mehr zu sehen, alles war rot & alles von einer andauernden täglichen Hitze 28 – 35 Grad Celsius, 40 Grad in der Sonne, total verbrannt. Kein Herbstfutter ist gewachsen, garnichts, es sah wirklich traurig aus. Heute bis vor 8 Tagen war es auch wieder sehr trocken, doch haben wir heute wieder Regen gehabt, und wir hoffen doch, daß wir dies Jahr ein besseres Jahr haben werden als das vorige. Die Dürre setzte voriges Jahr ja schon

Drehbänke und Bohrmaschinen, angetrieben von Treibriemen der Transmissionswellen, 1912

Rechts:
Großzügige Lagerung der ›Amazonen‹ außerhalb der Saison, 1912

im Mai ein bis Oktober, bei der ungeheuren Hitze, die noch kein Mensch hier erlebt hat. Alle Holzteile schrumpften zusammen. Im Juni hatten wir hier noch etwas Regen. Stellenweise ist aber garkein Regen gefallen, im ganzen Sommer nicht. Die Maul- & Klauenseuche hat auch das ganze Jahr arg gewütet, seit Februar ist sie nun doch im Abnehmen, und wir wollen hoffen, daß sie doch nun wohl bald zu Ende geht. Die Ausstellung der D.L.G. fällt wegen der Seuche dies Jahr ganz aus, also beschicken wir keine Ausstellung dies Jahr. Die Viehpreise, hauptsächlich der Schweine, sowohl der fetten wie der mageren sind 1911 sehr niedrig gewesen, dabei waren die Futterpreise, wie hauptsächlich Gerste & Hafer, sehr sehr teuer, sodaß das Jahr 1911 für den Landmann ein ziemlich schlechtes Jahr gewesen ist.

Wir haben 1911 ja noch sehr gut verkauft: 4759 Amazonen, 791 Federkraft, 1055 Siegfried, letztere also um 150 weniger als 1910, und für dies Jahr werden es wohl noch weniger, denn das Kultivatoren-Geschäft ist dieses Frühjahr sehr schlecht gegangen, sodaß wir einige Monate zu fabrizieren aufhören müssen. Wie es nun mit den anderen Maschinen gehen wird, das läßt sich ja noch nicht absehen. In Federkraft baue ich für dies Jahr 1800 Stück, ob es glückt, diese zu verkaufen, das haben wir noch zu erleben. Es wäre doch zu wünschen, daß es ein gutes Jahr gebe, damit der Verkauf unserer anderen Sachen doch nicht darunter leiden müßte und ich folglich meinen Betrieb einschränken müßte. Es fällt mir schwer, Arbeiter zu entlassen.

Glänzende Aussichten sind jetzt leider noch nicht vorhanden. Sonst gehen die Geschäfte gut, alles wird teurer, Holz, Eisen, Schrauben, Nägel, und alle Werke dieser Branche sind gut beschäftigt & verlangen Lieferfristen von 4 – 6 Monaten. Hoffen wir doch, daß es der Landwirtschaft 1912 besser geht als 1911, dann geht es auch uns gut.

Auch das Jahr 1912 war wichtig für die Entwicklung des AMAZONEN-WERKES. Es wurden nicht nur die Kapazitäten durch den Bau zusätzlicher Hallen erweitert, sondern erstmals bezieht mein Großvater elektrischen Strom von außerhalb, bislang hatte er auch diesen mit seiner Dampfmaschine selbst erzeugt.

Schreibarbeiten wurden 1912 von Hand und im Stehen erledigt.

Große Montagehalle,
über 25 m freitragend
mit genagelten
Holzbindern, 1912

*»Winter gibt's
auch fast nicht mehr.
In 15 Jahren ist kein
beträchtlicher Schnee
& strenge Kälte mehr
gewesen.«*

20. Mai 1913

[...] Das Geschäft ging 1912 sehr, sehr gut, wie es auch die Bilanz nachweist. Die Aufträge waren reichlich, und wir müssen folgedessen den Betrieb wieder vergrößern. Wir bauen jetzt eine große Montagehalle, 90 m lang & 25 m breit, gänzlich ohne Pfeiler. Ein Bremer Architekt hat die Bauleitung, in 3 Wochen gedenken wir, einziehen zu können. Unsere Arbeiterzahl ist mit dem heutigen Tage genau 100 Personen, wir auf dem Kontor kommen noch dazu.

Die Zahl der abgelieferten Maschinen zeigt ja das Umsatzkontrollbuch nach. Die Geschäftsaussichten für dies Jahr sind auch beruhigend für uns, soweit man nach Anfragen und Zusagen von Aufträgen heute schließen kann.

Wir beschicken dies Jahr die Ausstellung der D.L.G. in Straßburg im Elsaß. Wir sind schon am verschicken, am Sonntag reisen mein Bruder Friedrich, Teckmeyer & Tüpker ab, meine liebe Frau & ich folgen 8 Tage später. Hoffentlich bringt uns diese den Gewinn, der zu den bedeutenden Kosten im Gleichgewicht steht.

Als Betriebskraft nehmen wir auch am 1. Juli Elektricität von den Niedersächsischen Kraftwerken mit dazu, auf 3 Jahre vertraglich abgeschlossen. Die Witterung war 1912 nicht gut zu nennen, fortwährend naß & immer naß. Hier kam der Roggen noch gut & trocken unter Dach, der Weizen aber wenig, Hafer wuchs in den Stiegen lang aus. An den meisten Stellen in Deutschland ist fast alles Getreide ausgewachsen. Gewachsen war sehr viel, aber es verdarb so sehr vieles durch den Regen wieder. Die Kartoffeln waren trotzdem sehr gut, zum Herbst wurde es auch etwas trockener, doch die meiste Zeit war immer Regen bis in den Winter hinein, auch dieses Frühjahr noch. Einen Frost & Schnee haben wir fast nicht gehabt, nur gut 1 Woche, daß das Eis eben hielt, das war alles. Winter gibt's auch fast, in Bezug auf Schnee & Eis, nicht mehr, in 15 Jahren ist kein beträchtlicher Schnee & strenge Kälte mehr gewesen und nicht annähernd so, wie ich es in meiner Kindheit kannte.

Im April & Mai dann haben wir Nachtfröste, die, wegen des gelinden Winters das Frühtreibende in Bäumen, Sträuchern oft genug verderben. Bis heute ist es noch so ziemlich gut gegangen. Das Obst ist doch noch gut angesetzt. Die Viehpreise sind im letzten Jahre sehr in die Höhe geschnellt, Ferkel (5 Wochen) kosteten & kosten auch heute noch durchschnittlich 25 Mark. Die fetten Schweine kosteten mal verflossenen Winter 80 Pfennig das Pfund Schlachtgewicht, Rinder 70 – 80 Pfennig (das Pfund Schlachtgewicht.) Das Schweinefleisch ist gegenwärtig etwas billiger 65 – 70 Pfennig, das Getreide steht gegenwärtig gut im Preise. Weizen 100 Kilo 18 Mark, Roggen 100 Kilo 17 Mark & Hafer 100 Kilo 16,50. Die Holzpreise gehen fortwährend in die Höhe. Eisen, Kohlen, überhaupt alles steigt ständig. Wo das wohl hin will? Ich sah mich genötigt, meine Preise der Maschinen am 1. Januar zu erhöhen, ich konnte sonst nicht mehr damit bestehen.

Die Geschäfte entwickelten sich auch 1913 erfreulich, obwohl sich schon Wolken am Horizont zeigten. Das Material verknappte und verteuerte sich stark und man verspürte mehr und mehr Unruhe in der Politik. Zu dieser Zeit wurden schon 120 Menschen im Unternehmen beschäftigt, während die übrige Wirtschaft, besonders die Bauwirtschaft über Auftragsmangel klagte.

2. April 1914

[...] Das Jahr 1913 war für die Landwirtschaft gut zu nennen, es war viel gewachsen & konnte gut herein gebracht werden, anfangs ziemlich naß, doch später bei der Ernte so trocken, daß das meiste gut & trocken herein gebracht werden konnte. Die Viehpreise waren durchweg sehr hoch, heute sind sie seit 2 Monaten sehr gefallen.

Bestes Rindfleisch 50 Pfennig lebend das Pfund. Schweinefleisch 45 Pfennig lebend das Pfund. Ferkel per Alterswoche 3 Mark. Getreidepreise: Weizen 18,90 pro 100 Kilogramm, Roggen 15,30 pro 100 Kilogramm, Hafer 16,40 pro 100 Kilogramm, Gerste 15,00 pro 100 Kilogramm.

Die Holzpreise steigen fortwährend, dagegen sind die Eisenpreise sehr gefallen. Wir kauften das Eisen zum Grundpreis von 97,50 Mark pro 1000 Kilogramm. Mit der Industrie ging es 1913 nicht so sehr flott. Die Bautägigkeit war auch sehr schwach. Das Geld war sehr teuer, die Bankzinsen Mitte des Jahres bei 7 %, am Schluß des Jahres fielen sie auf 5 1/2 %, gegenwärtig auf 5 %.

Unser Geschäft ging sehr gut, dieses alles weist unsere Bilanz & das Umsatzkonto nach. Der Erfolg in Straßburg wird wohl nicht so sein, wie es nach den entstandenen Kosten müßte, diese Ausstellung war doch nicht an der rechten Stelle. Einen guten Erfolg hatten wir doch, die auf dieser Ausstellung gebrachte neue Kartoffelsortiermaschine wurde zum Versuch zurück gestellt, & im Dezember auf dem Gute Grauhof bei Goslar geprüft und mit der großen bronzenen Denkmünze ausgezeichnet. Dies Jahr ist die Ausstellung im Juni in Hannover, dort werden wir großartig ausstellen, und diese wird uns hoffentlich guten Erfolg bringen.

Unsere Arbeiterzahl beträgt gegenwärtig 113 Personen & unsere 6 Personen auf dem Kontor. Der neue Bau, die Montierhalle, gefällt uns sehr gut, sie ist hell, luftig & geräumig, mehrere Maschinen haben wir angeschafft, so daß jetzt alles gut klappt. Unsere Lagerräume werden aber nun wieder bei den vermehrten Arbeitern zu knapp, & ich bin gezwungen, diese zu erweitern, & ich baue gegenwärtig einen sehr großen Lagerraum auf einem Grundstück, welches ich von Hofbesitzer Gastmann kaufte, reichlich 2600 Quadratmeter, den Quadratmeter zu 1,50 Mark. Ich hoffe, einen Teil im Mai unter Dach zu haben.

Heute haben wir angefangen, auch Fahrwagen für Elektromotore zu bauen, wir haben verschiedene Neuheiten darin gemacht. Wie der Erfolg sein wird, haben wir ja abzuwarten, ich stelle in Hannover 3 Stück aus, einen als neues Gerät. Hoffentlich geht unser Geschäft auch dies Jahr wieder gut, schlecht sind die Aussichten nicht. [...]

»*Ein schrecklicher Krieg, der schrecklichste, den die Welt je gesehen hat, ist losgebrochen.*«

Dann kam das unselige Jahr 1914, in dem am 1. August der Erste Weltkrieg ausbrach. Zu den Zusammenhängen äußerte sich auch mein Großvater, allerdings muss man dabei berücksichtigen, dass er all seine Informationen aus der Zeitung erhielt, die allerdings wohl nicht objektiv berichtete:

28. Mai 1915

Ein Jahr & 1 Monat, seitdem ich das letzte hier niederschrieb, sind nun vergangen, & was ist seitdem nicht alles anders geworden.

Ein schrecklicher Krieg, der schrecklichste, den die Welt je gesehen hat, ist los gebrochen.

Ende Juni 1914 wurde der Österreichische Thronfolger nebst seiner Gemahlin durch serbische Anstifter & Täter ermordet, darauf verlangte Österreich dafür von Serbien Genugtuung. Das fiel aber den Serben garnicht ein, und so erklärte Österreich den Serben den Krieg, darauf hatte gerade Rußland gewartet und wollte über Österreich herfallen.

Deutschland als verbündeter Österreichs mußte helfen. Unser großer Kaiser Wilhelm der II. verhandelte mit dem Kaiser von Rußland, er möchte doch nicht einschreiten. Friedensbestrebungen wurden ihm vom Zaren zugesagt, aber hinterrücks wurde von den Russen mit großer Macht gegen Österreich marschiert und gleichzeitig gegen Deutschland. Da verhandelte unser deutscher Kaiser mit England & Frankreich, wie die sich zu diesem unerhörten Kriege stellen würden. Überall waren die Stimmen so, daß sich Rußland, Frankreich & England verbündet hatten, gemeinschaftlich über Deutschland & Österreich herzufallen & total zu vernichten. Das gaben die Antworten, die unser Kaiser erhielt, genügend zu erkennen, und so entstand der Weltkrieg. Die Einzelheiten, wie der Krieg entstand, will ich hier weiter nicht aufführen, dafür werden sicher Bücher genug geschrieben, die es besser aufstellen können als ich. Genug, Ende Juli waren die Verhandlungen von unserm geliebten Kaiser auf das äußerste im Gange, den Krieg noch abzuwenden, aber vergeblich. Am Sonnabend, den 1. August war die Kriegs-

Die Geschäfte brachen danach schlagartig zusammen. Der Umsatz fiel auf ein Drittel, die Lagerbestände waren viel zu hoch und einige Außenstände waren schlecht einzutreiben. Alle jungen Männer wurden sofort in den Krieg eingezogen, sodass sich die Anzahl der Beleg-schaft auf ca. 40 Mitarbeiter reduzierte, nachdem zwischenzeitlich der Betrieb zeitweilig ganz stillgelegt worden war.

»... dieser Tag ist wohl der schwerste gewesen, den ich je erlebt habe, denn ich mußte meinen Leuten sagen, geht nur nach Hause & sucht euch erst anderswo Arbeit.«

Ich will nun versuchen, unsere nächste Umgebung während des Krieges zu schildern. Ich persönlich glaubte trotz der Schwüle im Juli 1914 nicht an einen Krieg, ich glaubte ganz bestimmt, er würde sich noch verziehen.

Die Aufträge im Juli waren recht gut & es wurde schon tüchtig versandt, bis zu den letzten Tag im Juli wurden ganze Waggons verladen. Da kam mit einem Schlage die Mobilmachung, der Bahnverkehr wurde gänzlich aufgehoben, es fuhren nur noch ein paar Personenzüge, sonst alles Militär & Kriegsmaterial.

Unsere Sachen, die zu unsern Kunden unterwegs waren, blieben auf den Bahnhöfen stehen, wo sie während der Mobilmachung an-gekommen waren. Was auf dem Bahnhof stand, mußten wir sofort wieder abholen, so mußten wir am Sonntagmorgen, den 2. August in aller Frühe einen voll beladenen Waggon Amazonen abladen und diesen & was im Güterschoppen stand, abholen.

Montag, den 3. August kamen meine Leute zum Arbeiten, diejenigen, die sich noch nicht zu stellen hatten. 35 Mann mußten sich sofort stellen. Da erst brach über mir die ganze Schwere des Krieges hervor, dieser Tag ist wohl der schwerste gewesen, den ich je erlebt habe, denn ich mußte meinen Leuten sagen, ich kann vorläufig nicht arbeiten lassen, geht nur nach Hause & sucht euch erst anderswo Arbeit. Dies meinen Leuten sagen zu müssen, ist mir schrecklich schwer gefallen, wo ich noch nie aus Arbeitsmangel hatte einen Tag feiern lassen müssen.

Mein Lagerstand betrug, wie ich die Tage nachher feststellte, 336 642 Mark, ausstehende Forderungen: 149 298 Mark. Bankschulden: 83 000 Mark, Warenschulden: 81 000 Mark. Ich dachte in den ersten Tagen, kein Mensch bezahlt dich mehr, verkaufen wirst du nichts mehr können. Wo sollst du das Geld hernehmen für Warenschulden & Bankschulden & woher, was du nun noch brauchst?

Alles dies kam doch anders, der größte Teil der Forderungen ist doch bezahlt, ca. 5271 Mark sind noch unbezahlt von Kunden, die im Felde stehen; ca. 2000 Mark Verluste in Rußland. Von ersteren, da wird auch nach dem Kriege noch verschiedenes von bezahlt.

Bestellt & abgenommen wurde doch ca. 1/3 wie sonst im Frieden, so daß ich doch am 1. September mit ca. 40 Mann wieder zu arbeiten anfangen konnte & dies auch so bis heute gehalten habe & hoffentlich auch weiter so halten kann. Wir haben einen großen Vorrat in allen unsern Fabrikaten & dazu, was wir täg-lich machen. So können wir trotz der wenigen Leute in der kommenden Saison unsere Kund-schaft doch gut bedienen.

[...] Heute arbeiten im Ganzen mit den auf dem Kontor 39 Mann hier. [...]

Wir haben noch großen Vorrat hier, sodaß wir mit unsern wenigen Leuten doch noch wohl prompt liefern können, man weiß ja auch gar-nicht, wie sich die Aufträge gestalten werden. Bis jetzt sind ja die Aufträge in den Monaten ganz gut gewesen. Alle Rohmaterialien werden schrecklich teuer, Holz ganz besonders, auch überhaupt alles, Eisen & Eisenwaren, Öl um das doppelte. Darum haben wir uns, wie alle anderen Fabriken, entschlossen, vom 15. Juni ab unsere Preise um 10 % zu erhöhen.

[...] Weil das Getreide von der Regierung be-schlagnahmt ist, so hat auch die den Preis in der Hand. Roggenbrot aus Schrot kostet 16 Pfennig das Pfund. Weizenbrot, heute Kriegsbrot genannt, kostet 20 Pfennig das Pfund. Hafer wurde für ein Pferd & Tag auf 3 Pfund festgesetzt. Das andere Futter muß man eben wo anders her nehmen, wie Bohnen, Erbsen, Gerste, Melasse oder sonstiges. Wir füttern $^1/_3$ Hafer, $^1/_3$ Bohnen, $^1/_3$ Gerste, letztere beiden grob gemahlen, nur so durchgestoßen. Das geht sehr gut, die Pferde sehen ganz gut aus.

Das Pfund dieses Futters kostete mich durchschnittlich 25 Pfennig, ich kaufte es im Januar, Februar, später wurde es noch viel teurer. Vorigen Herbst hatte ich fürs ganze Jahr Hafer eingekauft, jedoch wie im Februar die Beschlagnahme kam, mußte ich alles, was ich mehr als 3 Pfund pro Tag & Pferd bis zum 1. September hatte, abgeben. Die Fleischpreise sind in diesem

Jahre ganz verschieden gewesen. Vorigen Herbst im Oktober verkauften wir 2 Schweine, dafür erhielten wir 50 Pfennig für das Pfund Schlachtgewicht, und heute kostet Schweinefleisch, 100 Pfund bei lebend Gewicht 110 – 120 Mark, es ist also 3mal so teuer. Rindfleisch, 100 Pfund bei lebend Gewicht, 61 – 65 Mark. Daß das Schweinefleisch so rar & teuer ist, kommt von dem Mangel an Mehl zum Füttern; es ist fast garnichts mehr zu haben, es darf auch nur Gerstenmehl oder ja auch Mais, Bohnen, Erbsen gefüttert werden, aber es ist nichts mehr zu haben, & dabei so unerschwinglich teuer.

Nach ca. 30 Jahren kontinuierlich positiver Entwicklung folgten nun fast 20 Jahre voller Sorgen und Nöte für die Fabrik meines Großvaters, die bis ca. 1912 MASCHINENFABRIK H. DREYER hieß und danach in AMAZONENWERK umbenannt wurde. Der Hauptgrund dafür waren der ständige Ärger und Verwechslungen mit seinem Bruder Wilhelm, der sich neuerdings Heinrich Wilhelm Dreyer nannte und ihm Konkurrenz machte.

10. Juni 1915

Die Witterung war im vorigen Jahre sehr gut und die Ernte eine mittelmäßige. Heute, wo ich dies schreibe, ist es ungeheuer trocken, die Nächte waren lange, bis vor einigen Tagen kalt, folgedessen steht wenig Gras in den Wiesen, doch in den trockenen Wiesen ist es ganz dünn. Die Früchte stehen mittelmäßig, wenn doch bald der Regen käme, daß wir doch eine gute Ernte haben möchten, besonders Brotkorn & Hafer, wenn das mißrät, dann sieht es schlimm für Deutschland aus.

[...] In unserm Geschäft können wir wohl zum ersten Male in meinem Leben von einem Überschuß nicht reden, wenn wir so gleich bleiben, dann geht es gut. Die neue Lagerhalle ist im Laufe des vorigen Sommers fertig geworden, ich freue mich doch, daß ich die großen Lagerräume habe & alles so gut lagern kann.

Wir besuchten vorigen Sommer im Juni die Landwirtschaftliche Ausstellung Hannover, wir hatten sehr groß ausgestellt und erfreuten uns auch eines guten Besuches und Anerkennung unserer sauberen ausgestellten Sachen. Der Erfolg wäre ein großer gewesen, wenn nicht der Krieg gekommen wäre, dann hätten wir sicher wieder gute Geschäfte gemacht.

Am 16.4.1914, also 14 Tage vor Ausbruch des Krieges, hatten wir das schöne Fest

zur Fertigstellung der 50tausendsten Getreidereinigungsmaschine. Im ganzen über 200 Gäste, das Fest war wunderschön. Beginn 2 Uhr. Erst Kaffee, dann allerlei Belustigung, mit Dunkelwerden ein Fackelzug, dann Theateraufführungen und zwischendurch Tanz. Die ganze Feier ohne alkoholische Getränke, das ging sehr gut & schön. Das Fest war herrlich, aber hätten wir geahnt, was über 14 Tage kommen würde, keiner hätte dann froh sein können. Anliegendes Bild die photographische Aufnahme. Schön, daß wir die noch gemacht haben, da waren wir noch alle

Die 50 000ste Getreidereinigungsmaschine, 1914

zusammen. Wir machen heute auch Fahrwagen für Elektromotore in 7 Sorten & Größen. Wir erhielten darfür in Hannover vom Preisgericht das Prädikat: »Neu & beachtenswert«.

Dann machen wir auch besonders geschützte Strohschneider, wovon wir sehr viel verkaufen, vorläufig hat Hagedorn & Sander den Alleinverkauf darin.

1915 war für das AMAZONENWERK insofern ein besonderes Jahr, als mein Großvater den ersten Düngerstreuer entwickelte und zum Patent anmeldete. Er ist wahrscheinlich aus der Verzweiflung heraus geboren, die schlecht gewordenen Geschäfte zu beleben. Es dauerte zwar eine ganze Weile, bis dieser sich im Markt auch durchsetzen konnte, jedoch wurde er später zum Hauptumsatzträger der Firma und im Laufe der folgenden 80 Jahre wurden über eine Million AMAZONE-Streuer gebaut.

»Nun habe ich diesen Winter einen ganz neuen Kunstdüngerstreuer erfunden.«
Zeichnung aus der Patentschrift von 1915

Nun habe ich diesen Winter einen ganz neuen Kunstdüngerstreuer erfunden, der weicht in seiner Bauart ganz von den bisher bekannten ab, ich habe ihn zum Patent angemeldet. Wir wollen davon erst 10 Stück machen und auf Probe geben, damit wir sicher sehen, wie die aufgenommen werden. Ich habe in meinen Wiesen und Äckern allerlei Kunstdünger mit dem ersten ge-

sät, das ging ganz wunderschön und ich verspreche mir sehr viel davon. Wenn es wirklich glückt, dann wollen wir die Fabrikation sogleich nach Friedensschluß kräftig in die Hand nehmen.

Auf daß doch bald der liebe Friede wiederkehrte & wir unsere lieben Söhne & Brüder als Sieger bald empfangen könnten, das gebe doch unser Gott, der alleinige Schlachtenlenker.

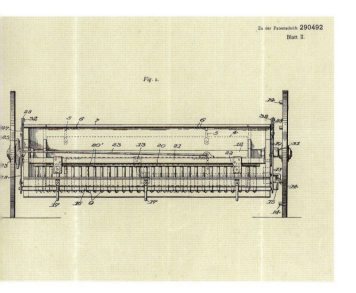

Zu der Patentschrift 290492
Blatt II.

Fig. 2.

PATENT-URKUNDE

№ 290492

AUF GRUND DER ANGEHEFTETEN PATENTSCHRIFT IST DURCH BESCHLUSZ DES KAISERLICHEN PATENTAMTES

an H. Dreyer in Gaste b. Osnabrück

EIN PATENT ERTEILT WORDEN.

GEGENSTAND DES PATENTES IST:

Kunstdüngerstreuer mit in seiner Schräglage einstellbarem Rutschboden.

ANFANG DES PATENTES: *5. März 1915.*

DIE RECHTE UND PFLICHTEN DES PATENTINHABERS SIND DURCH DAS PATENTGESETZ VOM 7. APRIL 1891 (REICHS-GESETZBLATT FÜR 1891 SEITE 79) UND DURCH DAS GESETZ VOM 6. JUNI 1911 (REICHS-GESETZBLATT FÜR 1911 SEITE 243) BESTIMMT.

ZU URKUND DER ERTEILUNG DES PATENTES IST DIESE AUSFERTIGUNG ERFOLGT.

KAISERLICHES PATENTAMT.

Pat. Rol. 2
(V. 1915. 11000.)

GESETZ v. 7. APRIL 1891

Trotz des furchtbaren Krieges, über dessen Auswirkungen mein Großvater ausführlich berichtet, entwickelten sich die Geschäfte schon 1915 und auch 1916 wieder positiv. Allerdings konnte mein Großvater den Bedarf nicht mehr decken, weil viele seiner Leute als Soldaten eingezogen wurden. Einige waren sogar schon gefallen. Aber auch 1917 und für 1918 waren die Geschäftsaussichten gut.

»Auf daß doch bald der liebe Friede wiederkehrte & wir unsere lieben Söhne & Brüder als Sieger bald empfangen könnten, das gebe doch unser Gott.«

25. Januar 1917

Über 1 $^1/_2$ Jahre sind vergangen, daß ich die letzten Zeilen hier niederschrieb, noch immer ist der schreckliche Krieg im Gange, und mit einer Kraft & Wucht wie noch nie zuvor. Immer werden noch mehr Leute eingezogen, hier bei der Heimarbeit werden sie immer weniger. Seit Dezember vorigen Jahres ist alles zum Zivildienst aufgerufen. Alte Leute, die in Ruhestand waren, Frauen und Mädchen, alles meldet sich zur Arbeit in Fabriken & Kontoren.

Hilfsdienstpflichtig ist jeder vom 17ten – 60sten Lebensjahre, bis jetzt melden sich genug freiwillig, alle helfen, arbeiten an Kriegsmaterial & sonstiger Heimarbeit.

Ich konnte in dieser langen Zeit nicht dazu kommen, das Erlebte nieder zu schreiben, einmal, weil es zuviel Arbeit gab, das anderemal, weil die Erlebnisse zu schrecklich waren & es mich abhielt, dies niederzuschreiben.

Immer hoffte ich, es käme wohl bald die Stunde, wo Aussicht auf Frieden wäre und daß dann das Niederschreiben des Erlebten leichter ginge, aber vergebens. Noch nichts ist zu sehen von einem Frieden. Zwar hat unser Kaiser den Feinden im Dezember vorigen Jahres den Frieden angeboten, diese haben die dargebotene Hand unter Schmährufen zurück gestoßen.

Es bleibt uns & unsern Verbündeten nun leider nichts anders übrig, als mit angestrengter Kraft den Krieg weiter zu führen, und wie lange noch, kein Mensch weiß es, nur Gott allein.

[...] Wann, ach wann ist der schreckliche Krieg zu Ende? Heute ist noch gar kein Ende zu sehen, alles, was nur eben etwas ist zwischen 18 – 47 Jahren, wird heute eingezogen. Hier arbeiten heute noch 34 Mann, fast nur Jungens, Verwundete, Krüppel und die über 47 Jahren. Hier auf dem Kontor sind Emma Krämer, Hermann Brömstrup & Frida Geselbracht, letztere seit Februar 1916. Material ist fast garnicht mehr zu haben, Holz ist 4mal so teuer wie im Frieden. Eisen ist 3mal so teuer, Guß doppelt & 3mal so teuer wie sonst & dabei ist ganz schwer etwas zu

haben. Lange kann es so nicht mehr weiter gehen, jedenfalls muß ich meinen Betrieb dann schließlich noch mal still legen. Was soll ich machen, wenn ich kein Material mehr habe?

Das Jahr 1915 war bis Mittesommer sehr trocken, sodaß die Sommerfrucht fast ganz vertrocknete, Roggen und Weizen waren gut, auch die Kartoffeln. Nach Mittesommer trat Regenwetter ein, & wie die Frucht eingefahren werden mußte, verfaulte sie noch wieder draußen. Der Staat nahm alles in die Hand, alle Körner wurden beschlagnahmt und jeder Deutsche bekam sein Teil Brot zugeteilt, pro Kopf & Woche 2 Kilogramm Brot, bei Schwerarbeitenden 3 Kilogramm. Pferde bekamen 3 Pfund Hafer pro Tag. Kartoffeln & Fleisch waren erst noch frei.

Anfang 1916 wurden die Kartoffeln auch beschlagnahmt, doch weil die gut geraten waren, erhielt jeder noch auskömmlich davon. Fett & Fleisch wurden zu März 1916 knapp, & zum Frühjahr wurden zwangsweise Kühe zum Schlachten ausgehoben. Unsere einzige Kuh, die noch sehr viel Milch & Butter gab, mußten wir zum Schlachten auch abgeben. Wir bekamen dafür ungefähr 900 Mark, kauften uns eine nur leichte Kuh für 1060 Mark.

Das Jahr 1916 war ein gutes Erntejahr, wenn auch der Roggen wohl etwas schlechter war als 1915, dagegen waren Weizen, Hafer & Gerste viel besser. Leider waren die Kartoffeln schlechter, hier bei uns wohl nicht so viel, aber stellenweise soll es nur die Hälfte gegeben haben. Heu gab es viel mehr als 1915, kam aber wegen des starken Regenwetters schlecht herein. Was bisher noch nicht beschlagnahmt war, wurde nun aber beschlagnahmt, auch die Kartoffeln.

Brotkarten bleiben so bestehen: 2 Kilogramm pro Kopf & Woche. Höchstpreis Grau- oder Kriegsbrot 35 Pfennig pro Kilogramm, Schwarzbrot 26 $^1/_2$ Pfennig pro Kilogramm, Kartoffeln wurden zum Kriegsbrot 1915 zu $^1/_3$ zugebacken, 1916 jedoch nicht mehr. Kartoffeln sollte es erst 1 $^1/_2$ Pfund pro Kopf & Tag geben, wie sich aber herausstellte, daß diese so schlecht geraten waren, so wurden es immer weniger, erst 1 Pfund pro Kopf & Tag, dann 3/4 Pfund bis zu 1/2 Pfund. Zur Streckung wurden Steckrüben, die gut geraten waren, abgegeben. Höchstpreis der Kartoffeln war 4,20 Mark pro Zentner, Steckrüben 3,50 Mark. Fett & Butter erhielt man pro Kopf & Woche 90 Gramm. Höchstpreis der Butter 2,50 Mark das Pfund. Eier pro Kopf & Woche 1 Stück. Preis 27 Pfennig. Fleisch pro Kopf und Woche 250 Gramm, Preis: gefrorenes Rindfleisch 1,80 Mark, frisches 2,10 Mark pro Pfund. Gefrorenes Schweinefleisch 1,65 Mark, frisches 2,00 – 2,20 Mark pro Pfund.

In den Großstädten & Industriebezirken ist es schlimm, Milch erhalten nur Kranke und Kinder unter 4 Jahren.

Hier auf dem Lande haben die meisten Selbstversorgung, sowohl in Korn für Brot & Kartoffeln als auch Fleischselbstschlachtung.

Für das Korn gibt es Mehlkarten, Kartoffeln für Selbsterzeuger gibt es noch 1 1/2 Pfund. Bei Selbstschlachtung und eigener Mästung wird die Hälfte des ersten Schweins & für das zweite 1/3 nicht angerechnet, somit stehen die auf dem Lande doch noch besser & kommen wohl durch.

Aufrufe zu Liebesgaben an Fett & Fleisch in Industriebezirken haben viel Erfolg gehabt, diese Abgabe gilt für die, welche Selbstschlachtung hatten. In jeder Gemeinde sind Sammelstellen, dahin muß alles gebracht werden, was

der Landwirt erzeugt, abzüglich des Bedarfs des eigenen Haushalts, wie es vom Staat festgestellt ist, nach anderswo darf nichts abgegeben werden.

Es könnte ja viel mehr an Fleisch, Fett & Butter abgegeben werden, aber es fehlt ja das Futter: kein Mehl, keine Kartoffeln, nur ein Teil Rüben darf verfüttert werden, ab & zu gibt es etwas Kleie & Gerstenmehl, je nachdem einer für die Heeresverwaltung Schweine zur Mästung anmeldet, man weiß nicht, womit man mästen soll.

Für die Pferde gibt es heute 4 1/2 Pfund Hafer pro Tag & Kopf. Es ist schlimm, damit durchzukommen, doch haben unsere Pferde heute ja auch nicht viel zu tun, das kleine Pony erhält fast nur Heu. Dann bekommen alle etwas künstliches Futter und gutes Heu hinzu, & man muß sich durchhelfen.

Unser Geschäft ist sehr gut gegangen: 1915 für 380 679,00 Mark Ware verkauft, 1916 für 382 100,00 Mark. Das doppelte hätte ich im letzten Jahre verkaufen können, wenn wir es nur hätten machen können. Materialbedarf für dies Jahr habe ich wohl in der Hauptsache auf Lager, nur etwas Eisenguß fehlt mir noch.

Was es dann geben wird, liegt noch ganz im Dunkeln, wenn dann der Krieg noch nicht beendet ist, dann wird es schrecklich. Alles neigt sich dem Ende zu, fast alles ist beschlagnahmt & wenig ist mehr zu haben, auch alle Kleidungsstücke. [...]

»Daß ein Mensch so einen schrecklichen Krieg, der nun schon fast 4 Jahre gedauert, so lange aushalten kann, die Mehrzahl sehr oft im höllischen Feuer in offenen Granatlöchern liegend in Regen und Dreck, das ist wahrlich nicht zu begreifen.«

18. April 1918
[...] Unsere Krieger im Felde leisten Großartiges, wirklich Übermenschliches.

Daß ein Mensch so einen schrecklichen Krieg, der nun schon fast 4 Jahre gedauert, so lange aushalten kann, die Mehrzahl sehr oft im höllischen Feuer in offenen Granatlöchern liegend in Regen und Dreck, das ist wahrlich nicht zu begreifen. [...]

Den ganzen Tag laufen hier Frauen und Kinder aus den Großstädten & aus Industriebezirken besonders, bitten Kartoffeln, Brot, Eier, Fleisch oder Fett zu kaufen, doch da der Landmann auch alles bis zu den festgesetzten Mengen abgeben muß, so kann er den bittenden Leuten doch nicht viel geben. Alles zur Ernährung nötige von Menschen & Vieh hat

seine Höchstpreise & soll nicht teurer verkauft werden. Der aber Geld hat, hamstert in den meisten Fällen, wo er nur kann, bietet solange, bis man es ihm gibt. Will man sonst aus den Städten etwas haben, was einem nicht absolut zukommt, was man nicht auf der Versorgungskarte hat, für Geld ist sowas kaum zu haben, jedoch für Lebensmittel, besonders Eier & Butter kann man noch alles haben. Statt Lederschuhe werden Holzschuhe oder Schuhe mit Holzsohlen getragen, richtige Lederschuhe sind nicht mehr zu haben. Mit Leder werden keine Schuhe mehr besohlt. Kleider & Wäsche gibt's nur auf Bezugsschein, & was man dann heute darauf erhält, sind meist Papierstoffe, die bei Feuchtigkeit auseinanderfallen und dann alles noch zu schrecklich hohen Preisen. Ich habe mir heute

Stoff für einen Anzug gekauft, das ist noch Friedensware, der kostet 240.– Mark, das Nähen und kleine Zutaten werden noch ca. 60.– kosten, so daß mich der Anzug sicher 300.– Mark kosten wird, der im Frieden höchstens 70.– kostet.

Die Wucherei ist schrecklich & oft von Leuten, von denen man es nicht erwarten sollte. Es ist erschreckend, mit welcher Frechheit auch im deutschen Vaterlande Betrug & Bestechung, Stehlen und Rauben um sich greift. Wo soviele ihr Leben fürs Vaterland lassen müssen, da macht sich ein anderer, der hier in Sicherheit sitzt, nicht die geringsten Gedanken darum, wenn er vielleicht noch Frau & Kinder betrügt und bewuchert, wovon der Mann vielleicht vor dem Feinde streitet oder vielleicht schon fürs Vaterlande gefallen ist. Die Menschen werden nicht besser durch diesen schrecklichen Krieg, wohl immer schlechter. [...]

Alles steigt fortwährend noch im Preise, Holz kostet mehr als das fünffache, Eisen das drei bis vierfache, Temperguß das vierfache, Blech- und Drahtgewebe das vier bis fünffache, Grauguß das 3–4fache & alles andere ebenso. Holz ist nun noch genügend zu haben, aber alle Eisenmaterialien so schlecht, das eine Stück muß man hier, das andere dort kaufen. Das meiste für dies Jahr habe ich zusammen, Eisen, Blech, Schrauben & Nägel fehlen noch etwas, am schlimmsten ist es mit dem Grauguß.

Wir arbeiten gegenwärtig mit 40 Mann, außerdem mit 2 Männern & 2 Damen außer mir auf dem Kontor. Im Betrieb sind es noch die älteren von mir reklamierten Leute & die vor 1869 geborenen & die jugendlichen. 1917 sind mir fast keine Leute genommen, wenn ich diese doch nur weiter behielte.

Der Geschäftsgang 1917 war ein guter, der Umsatz betrug 312 744 Mark, der Reingewinn war befriedigend. Nicht mal die halben Aufträge habe ich erledigen können, & gegenwärtig liegen schon für dies ganze Jahr 1918 vollauf soviel Aufträge vor, wie wir ausführen können. Wir schreiben heute die Fabrikationsnummer in Amazonen 59 227, Federkraft 8535.

Die Preise unserer Fabrikate sind natürlich auch mit den Materialpreisen entsprechend gestiegen, heute kosten diese das dreifache wie im Frieden. Löhne sind bei mir durchschnittlich um 75 % gestiegen, die Tischler hier verdienen 80–85 Pfennig, Arbeitsleute 70–75 Pfennig die Stunde.

Die Witterung 1917 war nicht vom besten, der Mai war wohl gut, dann aber trat sehr starke Dürre ein, so stark, daß die Sommerfrucht fast ganz vertrocknete. Roggen und Weizen waren gut, sie gaben viel Korn, ebenfalls waren die Kartoffeln sehr gut, aber Gerste & Hafer waren sehr schlecht. Heu gab es sehr wenig, daher gab es großen Futtermangel. Den Pferden wurde pro Kopf & Tag um 2 Pfund Hafer oder Gerste zugeteilt. Es ist unmöglich, daß ein Pferd davon das Leben erhält, geschweige, daß es davon noch arbeiten kann. Viele Pferde sind auch folgedessen eingegangen. Wie gesagt, Stroh & Heu war & ist heute noch so furchtbar knapp, daher wird wegen dieses Futtermangels das Vieh merklich verringert.

Heute kostet der Zentner bis 15 Mark. Man muß zusehen, daß man wenigstens für die Pferde was nebenbei herein bekommt. Will man in der Weise ehrlich bleiben, dann bricht mein Betrieb unausbleiblich zusammen, meine Pferde müssen arbeitsfähig bleiben, es geht nicht anders. Ich habe mir auf Umwegen Hafer beschafft, mir wurde nicht mal der mir zustehende geliefert, der kostete 75 Pfennig das Pfund, einige tausend Mark mußte ich dafür opfern.

Die Pferde kosten, ganz normale Arbeitspferde, bis zu 5000 Mark das Stück, normale Kühe 1500 Mark, 5–6 Wochen alte Ferkel 70–100.– Mark u.s.w. Von den Hamsterern wird oft fürs Ei 75 Pfennig bezahlt, für Butter & Fett sogar 15.– Mark pro Pfund, für Schinken 20.– Mark & mehr das Pfund. Überhaupt zahlen die Reichen jeden Preis, wenn sie nur was haben können. Für dies alles sind ja Höchstpreise eingesetzt, aber die Reichen bieten, & somit nützen solche Sachen nur für das Quantum, das dem Landwirt unbedingt zu liefern aufgezwungen wird.

Kontrolleure gehen alle Augenblicke umher & suchen alles durch, was man hat. Wehe dem, der was zurückbehalten, dem folgen schwere Strafe, trotzdem wird manches gemacht.

Das verbrachte erste viertel Jahr 1918: der Winter war zum aushalten, wohl mitunter viel Schnee, doch nicht so sehr kalt, das ist ein Glück gewesen für Menschen & Vieh. Daher kamen Menschen & Vieh doch noch besser durch den Winter als 1917, umsomehr, weil bis heute hin das Wetter gelinde & fruchtbar ist. Am 22. März säten wir Hafer & Gerste, heute am 18. April stehen schon alle Kirschbäume in voller Blüte, auch der Raps fängt an zu blühen, die Kühe

gehen schon seit 14 Tagen auf der Weide. Alle Früchte stehen sehr gut, wenn es so bleibt, dann gibt es ein gutes Jahr, was uns auch zur schweren Kriegszeit besonders gut zu statten kommt.

Interessant ist, dass nicht nur mein Großvater, sondern die ganze Bevölkerung noch Mitte 1918 an einen Sieg Deutschlands glaubte, da sie aus der Zeitung entsprechend informiert wurden und keine Möglichkeiten hatten zu erfahren, was sich wirklich abspielte. Das Volk hat derweil unendlich gelitten und gehungert:

Nun habe ich wohl die wichtigsten Erlebnisse bis heute niedergeschrieben, ach, wenn ich doch bald die Friedenserlebnisse niederschreiben könnte, den Empfang unserer lieben Söhne & Brüder als Sieger aus dem Felde, das wäre wohl der glücklichste Tag meines Lebens. Vieles, vieles konnte ich nicht niederschreiben, darüber werden ja auch viele Bücher erscheinen, die

diese schwere Zeit verewigen. Wann hat der Krieg ein Ende? Was müssen wir noch vom Kriege erleben? Das sind noch die großen Fragen. Doch siegen tun wir, und unser Schöpfer steht uns bei. Das Vertrauen habe ich heute mehr denn je, und jeder echte & einsichtsvolle Deutsche denkt ebenso!

Dann kam sehr überraschend und plötzlich die Kapitulation und die Bevölkerung war ernüchtert:

12. März 1919
[...] Was uns in unsern Zeitungen geschrieben worden ist, war Lug und Trug.

Mein Großvater war entsetzt über die nun folgende politische Entwicklung:

Der Tanz ums goldene Kalb geht erst recht los: ganz unbekümmert, was uns droht; ganz unbekümmert, daß Millionen unserer Brüder auf den Schlachtfeldern gefallen sind; unbekümmert, daß 800 Tausend unserer Brüder in Gefangenschaft schmachten. Was kann's uns wundern, wenn unseres Schöpfers Hand ganz von uns

gezogen wird und wir dann nach allem unserem Wahnsinn täglich tiefer und tiefer in den Abgrund sinken. [...]

Am 11. November mittags 11.55 begann der Waffenstillstand. Einen schmählicheren Waffenstillstand als dem deutschen Volke diktiert ist, ist wohl noch keinem Volk der Welt diktiert. Am 9. November dankte unser Kaiser ab und flüchtete nach Holland, ebenfalls der Kronprinz. Von da ab begann nun so recht die Zersetzung unsers sonst so herrlichen ruhmbedeckten Kriegsheeres. Ein großer Teil der Mannschaften, auch der Offiziere, kümmerte sich um nichts mehr, darum, wo all das viele Kriegsmaterial blieb, fast alles blieb liegen, wo es lagerte. Besonders Lebensmittel hätten doch bewacht werden müssen, wo hier im Lande doch noch so gehungert wird.

»Was uns in unsern Zeitungen geschrieben worden ist, war Lug und Trug.«

Er berichtet ausführlich über die Entwicklung in der damaligen Parteienlandschaft. Wenn man das liest, kann man vielleicht nachvollziehen, wie es möglich war, dass einige Jahre später die Nationalsozialisten langsam, aber sicher an Einfluss gewannen.

Zuerst ging die Revolution ohne besonderes Blutvergießen ab, jedoch bildeten sich bald bei den Revolutionären mehrere Parteien, die Sozialdemokraten in der Mehrheit, daneben die Radikalen, Unabhängige Sozialdenker genannt, noch schärfer die sogenannten Spartakisten.

Den Letzteren widerstrebt jede Ordnung, jede Gerechtigkeit. Gewalt, Raub und Mord ist ihr Ziel, ganz unbekümmert, ob das Vaterland zu Grunde geht. Mit diesen letzten Unmenschen und mit dem Pöbel als ihren Anhängern, damit hat heute die deutsche Regierung zu kämpfen und in letzter Zeit in ganz erschreckender Weise. Besonders in den größeren Städten, in Berlin ist es in den letzten Tagen sehr schlimm gewesen, Tote und Verwundete zu Hunderten. Auch in Osnabrück war vor 3 Wochen ein Umzug, und es ist dabei auch zu beschämenden Auftritten gekommen, doch Menschenleben hat es Gott sei Dank nicht gekostet.

Am 19. Januar dieses Jahres war die Wahl der Vertreter der deutschen Nationalversammlung. Die Sozialdemokraten erhielten die weitaus meisten Vertreter, jedoch nicht die absolute Mehrheit. Ebenso ging es auch bei der Wahl der Vertreter zur preußischen Landesversammlung.

Die Wahlen sind fast durchweg ruhig verlaufen. Heute aber gärt es fast überall, kein Bürgerkrieg ist es, nein, die Spartakusleute, die unabhängigen Sozialdemokraten, also die radikalen äußersten Linken, damit führt heute die sozialdemokratische Regierung den Krieg. Überall die wahnsinnigsten Streiks, rauben, plündern, morden bei all der fürchterlichen Materialknappheit. Dunkel und schwarz wie die Nacht liegt die Zukunft vor uns. Der lange Krieg, der Hunger hat die Menschheit wohl zum größten Wahnsinn reif gemacht, anders kann ich mir die heutigen Vorgänge nicht erklären.

Es ist eine Pest und schreckliche Krankheit am deutschen Volke, auch viele auf dem Lande, die garkeine Ursache dazu haben, zeigen Lust zum Mitheulen. Am 1. Dezember 1918 begann in allen Fabriken der 8-Stundentag, auch hier in unserm Betrieb, dabei gibt es den gleichen Tagesverdienst wie in 10 Stunden.

Ende Januar des Jahres glaubten auch ein Teil meiner Leute dem Metallarbeiterverbande beitreten zu müssen, sie wurden dazu geschürt von den Osnabrücker Agitatoren, und leider ist die Mehrheit darauf herein gefallen, das gibt eine gute Milchkuh für den Osnabrücker Verband. Meine Leute könnten ohne den Verband das Gleiche erreichen und die unnötigen Ausgaben dafür sparen, doch den vielen Unsinnigkeiten mußten auch diese noch zugesetzt werden. Doch aufhalten kann man heute sowas nicht, vernünftige Ratschläge werden belacht, die Verrücktesten werden bejubelt. Überall sind Bürger und Gemeindewehren eingerichtet, auch hier in Gaste, es gehen hier jede Nacht in 4 Abteilungen 12 Mann, die wechseln Nacht um Nacht sich ab, im Ganzen sind es wohl 120 Personen, um so vor rauben und stehlen etwas gesichert zu sein.

In letzter Zeit ist alles noch im Preise weiter gestiegen, Holz kostet heute das siebenfache wie im Frieden, Eisen das vierfache, Nägel, Schrauben gleichfalls, dünne Bleche wohl das sechsfache. Für Grauguß wird heute schon 1 Mark für ein Kilogramm gefordert. Kohlen sind 4 – 5 mal so teuer wie im Frieden, je nachdem, von wo man welche erhalten kann, und so geht es mit allem. Dabei ist kaum was zu haben und nur mit größter Schwierigkeit, und wie es scheint, wird es noch schlimmer.

Brot gibt es pro Person und Woche 2000 Gramm. Dies Brot kostet pro Pfund 25 Pfennig. Kartoffeln gibt es 5 Pfund die Woche, die selbst welche bauen, also Selbstversorger, 7 Pfund. Diese kosten für 100 Pfund 6 Mark. Fleisch gibt es 200 Gramm pro Person und Woche, und es kostet 2,20 Mark das Pfund. Der Preis für Lebensmittel ist also nicht hoch, eigentlich ist er gegenüber andern Sachen und gegenüber dem, was heute verdient wird, sehr gering.

In unserm Betrieb verdienen gelernte ältere Handwerker 1,30 Mark, die hier angelernten älteren 1,25 Mark, also auch die Arbeitsleute. Die älteren Vorarbeiter sind bei 1,40 Mark die Stunde. In den Städten sollen sie noch 10 – 20% und mehr verdienen. Was daran wahr ist, weiß ich nicht. Also, die Lebensmittel, die man nur auf Karten bekommen kann, sind wirklich billig gegenüber allem andern, aber das wenige, was man auf den Lebensmittelkarten zugeteilt erhält, davon kann man leider nicht leben. Das ist das Traurige, dieser Hunger und nicht ein Jahr, nein, nun schon über 3 Jahre lang, dabei wird wahrlich mancher Mensch zum Wahnsinn und Verbrechen getrieben. Hier auf dem Lande kann sich jeder noch eher durchschlagen, aber in den großen Städten ist es schrecklich schlimm.

»Dunkel und schwarz wie die Nacht liegt die Zukunft vor uns. Der lange Krieg, der Hunger hat die Menschheit wohl zum größten Wahnsinn reif gemacht, anders kann ich mir die heutigen Vorgänge nicht erklären.«

Nach dem Kriege kam langsam, aber sicher auch die Produktion der Landmaschinen wieder in Gang. Das Hauptproblem war damals nicht der Verkauf der Maschinen, sondern wie man das notwendige Material beschaffen konnte. Allerdings war noch nicht offiziell Frieden geschlossen worden, aber alle warteten darauf, weil sie sich davon eine Normalisierung der Situation und der Versorgung der Bevölkerung erhofften.

Unsere Grenzen sind noch von den Feinden blockiert, sie lassen nichts herein. Der Friede soll, wie es heißt, bald abgeschlossen werden, wie die Bedingungen werden, wir wissen es nicht.

Es wird mit uns nicht verhandelt, nein, uns werden die Bedingungen gestellt und wir haben sie anzunehmen. Soweit ist es mit Deutschland gekommen, an diesen Abgrund hat man uns geführt. Was wird aus Deutschland noch? Es gibt so vieles über unsere jetzige Lage zu schreiben, aber ich fühle mich wahrlich zu müde, es ist mir so schrecklich widerlich, diese unsere traurige Lage nieder zu schreiben. Es werden sich Schriftsteller genug finden, die alles besser aufs Papier bringen, als ich es kann. Das schwere Geschick Deutschlands drückt immer doch fürchterlich.

[...] Es wird sehr schwer sein, soviel Material herein zu kriegen, daß alle hier Arbeit behalten. Lieber arbeitete ich mit den selben Leute, aber die heimkehrenden Krieger müssen und wollen geordnete Arbeit haben, deshalb muß alles aufgeboten werden, daß doch recht bald alles wieder in geordnete Bahnen kommt. Dafür zu sorgen, ist eines jeden Pflicht und besonders auch die meinige.

Entsprechend der Materialpreise mußten auch wir unsere Preise der Maschinen heraufsetzen, diese Erhöhung erfolgte zuletzt am 15. Februar 1919 laut Preisliste 114, 115 und 116. Unser Geschäft war im verflossenen Jahr wieder ganz gut, jedoch die Steuern zusammengenommen sind ja derart, daß wohl bald alles Verdiente wieder abgegeben werden muß. Daß dann noch etwas für die sorgenvollen Mühen und geistige Sonderarbeit übrig bleibt, scheint sehr fraglich zu sein. Die Aufträge sind ganz ungeheuer groß, viel größer als im Frieden. Was wir in diesem Jahre machen, ist heute alles schon vorbestellt. Die Witterung im vorigen Jahre war bis Juni sehr trocken, alles vertrocknete wieder fast wie im Jahre vorher. Heu gab's ganz wenig, dann kam Ende Juni Regen, der half noch für die Sommerfrucht, so daß Hafer und Gerste viel besser wurden als 1917. Die ganze Ernte war eine mittelmäßige, die Heuernte sehr schlecht, dazu mußte noch so ungeheuer viel an das Heer abgegeben werden. Das Heu war schrecklich teuer, ich habe den Zentner mit 20 Mark bezahlt. Die Hamsterpreise sind schrecklich: Roggen, Weizen, Hafer, Gerste 80 – 100 Mark der Zentner, Kartoffeln 15 – 18 Mark pro Zentner, Speck, Fett und Butter 20 – 25 Mark das Pfund. Eier bis 1 Mark das Stück, Ferkel 7 Mark lebend Gewicht pro Pfund. Also ein 5 Wochen altes Ferkel kostet 25 x 7 = 175 Mark, gestern wurde hier erzählt, ein 5 Wochen Ferkel kostete 200 Mark. Die Höchstpreise für landwirtschaftliche Erzeugnisse sind zu niedrig gegenüber allen sonstigen Preisen, daher ist die Hamsterei auch wohl so schrecklich eingerissen. Der Landwirt sagt sich: Was du kaufen mußt, dafür fordert man von dir ungeheuere Preise, ich nehme daher für das, was ich außer dem Ablieferungszwang noch erübrige, was ich kriegen kann.

[...] Wir hoffen nun auf einen baldigen Frieden mit unsern Feinden, man nimmt an, Ende April, und daß dann auch Nahrungsmittel ins Land kommen, hoffentlich beruhigt sich dann die Menschheit nach und nach, und es gibt wieder Frieden auf Erden.

Nie habe ich den Engelgesang, Friede auf Erden und den Menschen ein Wohlgefallen, so gewürdigt, als eine so große Gabe angesehen, wie heute.

Erschallte doch dieser holdselige Gesang bald wieder. Allmächtiger Schöpfer, Lenker und Erhalter aller Dinge, kehre wieder zu der verlassenen irrenden Menschheit.

»Nie habe ich den Engelgesang, Friede auf Erden und den Menschen ein Wohlgefallen, so gewürdigt, als eine so große Gabe angesehen, wie heute.«

1920 folgte die schlimme Zeit der Inflation, die bei vielen Unternehmen zum wirtschaftlichen Ruin führte. Nicht so bei meinem Großvater. Natürlich hatte auch er darunter zu leiden, aber dank seiner Taktik, niemals größere Risiken einzugehen, stand er auch diese unvorstellbar schwere Zeiten durch. Aber auch die Zeit nach der Inflation brachte einen aktiven Unternehmer wie Heinrich Dreyer schier zur Verzweiflung. Zu seinen geschäftlichen Aktivitäten und der politischen Situation schreibt er:

»Es sollte nun alles wohl wieder werden, wenn nur Ruhe im Lande wäre, wenn alle arbeiten wollten und vor allem den Schiebern und Wucherern der Garaus gemacht würde, je schärfer desto besser.«

17. März 1920

[...] Immer größer wird unsere Schuldenlast. Was will es werden, ich weiß es nicht. Voriges Jahr um diese Zeit glaubten wir, das Unglück wäre aufs Höchste gestiegen, und heute: wieviel schrecklicher noch. Am Sonnabend, den 13. dieses Monats, hat eine Gegenrevolution von der äußersten Rechten eingesetzt. Regierung und Abgeordnete der Nationalversammlung, die Anfang dieses Jahres durch das Volk gewählt wurden, sind aus Berlin verjagt, eine neue Regierung hat sich selbst eingesetzt. Die bisherige Regierung soll nach Stuttgart geflohen sein. Die Reichswehr soll zu den Revolutionären übergetreten sein. So und ähnliches hört man sagen, Bestimmtes weiß man ja nicht. Alles ruht, nicht Eisenbahn, nicht Post arbeitet mehr, der Generalstreik für ganz Deutschland ist ausgebrochen, nirgends wird mehr gearbeitet. Auch hier bei uns seit Montag nicht. Es heißt, in den größeren Städten sollen schwere Kämpfe im Gange sein. In Osnabrück ist alles noch ruhig. Was will das werden, wo geht das hinaus? So fragen alle und niemand ist im Stande, eine Antwort zu geben.

Schrecklich ist die gegenwärtige Lage. Alles ist so ungeheuer teuer, die Leute aus den großen Städten kommen in Scharen aufs Land und kaufen alles, was sie kriegen können. Sie zahlen: für Eier 1,20 – 1,50 Mark das Stück, Butter, Fett und Fleisch bis 25 Mark pro Pfund, Brot auf Karten 0,50 Mark das Pfund. Was auf Karten zu haben ist, stellt sich ja verhältnismäßig billig, aber das im freien Handel ist vom gewöhnlichen Mann nicht zu bezahlen. Hafer im freien Handel kostet 250 Mark und mehr pro 100 Pfund. Stroh 30 Mark und mehr pro Zentner.

Ferkel, ein Pfund lebend, 12 Mark, also ein gutes 5 Wochen altes Ferkel, was 25 Pfund wiegt, kostet 25 x 12 = 300 Mark. Ein Anzug aus gewöhnlichem Stoff cirka 1500 Mark, Schuhe 250 – 300 Mark, auch wohl noch mehr. Holz, in Brettern, deutsche Ware, 1500 Mark pro Kubikmeter. Blech 9 – 10 Mark. Eisen 6 – 7 Mark für ein Kilogramm. Grauguß 6,50 Mark, Temperguß 11,40 Mark pro Kilogramm. Schrauben das 70fache wie 1914. Im letzten viertel Jahr ist manches auf das vierfache gestiegen. Für 1920 habe ich das meiste herein, aber wie wird es dann? Zu solchen gegenwärtigen Preisen kann ich für 1921 nicht mehr einkaufen.

Heute am 20. des Monats werden meine Fabrikate mit 1100 % Aufschlag auf die Preise von 1914 verkauft, aber bald werden auch diese Preise wieder höher gehen müssen. Konkurrenzfirmen nehmen schon heute 1700 % Aufschlag. Es wird wohl bald kein Landwirt mehr kaufen können. Heute liegen noch Aufträge genug vor. Wie es aber bei den so rapide steigenden Preisen weiter werden wird, wer will es sagen.

[...] Die Gefangenen sind nun endlich auch alle wieder zurück, Driemeyer, Suhre, Bültmann Hinnersmann und Laumeyer, alle noch gesund und sehen sehr gut aus. Es sollte nun alles wohl wieder werden, wenn nur Ruhe im Lande wäre, wenn alle arbeiten wollten und vor allem den Schiebern und Wucherern der Garaus gemacht würde, je schärfer desto besser. Zuchthaus und Todesstrafe, das nur ist der verdiente Lohn.

Ich habe noch vergessen, die heutigen Löhne anzuführen, die bei mir bezahlt werden, das 5 1/2-fache wie 1914. Gelernte Handwerker 2,65 Mark, Angelernte 2,60 Mark die Stunde, der Akkordsatz muß so sein, daß 20 % Überlohn verdient werden kann, auch 5 1/2-mal soviel wie 1914. Wer sich erst was anschaffen muß, kommt mit diesem Verdienst kaum so weit wie mit dem Lohn von 1914 damals. Die Löhne werden sicher noch weiter steigen. Auch muß ich noch berichten, daß wir uns im Januar 2 neue Pferde angeschafft haben, schwarze Farbe, und sie kosten zusammen 16 Tausend Mark. Für unsere beiden, die ich zurück gab, erhielt ich 4000 Mark, sodaß ich 12 Tausend Mark zuzahlte.

Anscheinend sind diese Pferde wieder gut. Ich kann nicht vorwärts schaffen wie vor dem Kriege. Wie weit wäre ich schon gewesen, wenn der Krieg nicht gekommen wäre. Meine Pläne, die Fabrik neben der neuen Halle noch durch 2 ähnliche Bauten zu vergrößern, die ganze Tischlerei dahin zu verlegen, nebst der Dampfmaschine, konnte ich nicht verwirklichen. Ob ich sie noch jemals verwirklichen kann? Ich bin zur Untätigkeit verdammt, ich arbeite, ja, aber es ist nicht die Arbeit wie vor dem Kriege, wo ich fortwährend meinen Betrieb wachsen sah und daran arbeiten konnte. Wir haben im Kriege keine Munition oder sonst Kriegsgeräte gemacht, wir haben immer nur in unserm Beruf gearbeitet.

27. März 1920

Heute ist in Düsseldorf und Wesel und allen umliegenden Orten die zweite Revolution in Gange, der regelrechte Bruderkrieg. Kriegsmäßig liegen sich Regierungstruppen und Truppen der Aufständischen der Spartakisten gegenüber, oft dazu mehrere hundert Tote. Schrecklich, wann nimmt die Menschheit Vernunft an? In Osnabrück ist ja alles ruhig, hoffentlich bleiben wir verschont von diesem Bruderkriegsschrecken.

Ehepaar Dreyer anlässlich ihrer Silberhochzeit

15. April 1921

Wieder ist ein Jahr herum seit meiner letzten Niederschrift, und immer noch herrscht der trostlose Zustand in unserm Vaterlande. Wenn auch einiges wohl besser geworden ist, sehr vieles ist aber schlimmer geworden. Kartoffeln, Eier, Fleisch, Fett, Margarine, Kleider, Schuhe und Hafer ist ja alles im freien Handel wieder zu haben, aber schrecklich teuer. Eier kosten durchschnittlich pro Stück 1,20 Mark, Fleisch 12 Mark, Margarine 10 Mark das Pfund. Hafer soll heute 150 – 180 Mark pro Zentner kosten, Kesselkohlen im Waggon kosten 15 Mark pro Zentner, Mais 125 Mark pro Zentner, Kartoffeln vorigen Herbst 30 Mark, heute 40 – 50 Mark pro Zentner.

Die Hamsterei aus dem Kohlengebiet hat hier ja sehr nachgelassen, es soll ja heute überall genug zu haben sein, wer es nur bezahlen kann. Das alles scheint sich nun vorübergehend gebessert zu haben. Wie es nun weiter wird, kein Mensch kann es sagen. Sonst aber ist die Lage so trostlos wie noch nie. Hier bei uns wird heute fast garnichts bestellt, ein bis 2 Maschinen pro Tag, das ist alles. Alles muß auf Lager gestellt werden und bei den gegenwärtigen hohen Materialpreisen und so hohen Löhnen erfordert das ungeheuere Kapitalien. Wie lange ich das so aushalten kann, ich weiß es noch nicht. Soweit ich heute beurteilen kann, werden wir noch wohl mit der Arbeit aussetzen müssen. Auf dem Kontor haben wir fast nichts zu tun. Es ist kaum auszuhalten und für mich so trostlos, wenn ich keine Arbeit habe und zusehen muß, daß die andern auch nichts zu tun haben. Bis Ende vorigen Jahres ging das Geschäft sehr flott und wir konnten die Aufträge lange nicht alle erledigen. Mitte Januar setzte wieder der Käuferstreik ein und hält immer noch an und sicher wohl bis Juli, August, wenn's denn besser wird. Im April vorigen Jahres gingen die Löhne und Gehälter stark in die Höhe und im Oktober abermals. Heute verdienen hier gelernte Handwerker über 21 Jahre 4,90 Mark, Angelernte über 21 Jahre 4,85 Mark, die Jüngeren unter 21 Jahre 3,90 Mark die Stunde, außerdem gibt es für Verheiratete Brot- und Kinderzulage, durchschnittlich noch 20 Pfennig pro Stunde. Bei Akkord haben viele Leute noch über 20 % mehr. An Gehältern erhalten meine

»Deutschland gleicht einem Irrenhause! Wohin sind wir in Deutschland gekommen?«

ersten Leute 1600 Mark pro Monat. Ich will nicht sagen, daß diese Löhne und Gehälter zu hoch sind, besonders nicht für die, welche eine Familie haben. Jedoch die Jugendlichen verdienen zuviel,

die meisten wohl vertun alles im Vertrinken und Vertanzen. Es ist traurig, dies mitansehen zu müssen, besonders in einer Zeit, wo unser Vaterland im Abgrund versinken wird. [...]

9. Oktober 1923

Ich habe ein Jahr ausgesetzt zu schreiben, ich konnte nicht dazu kommen. Die Lage ist immer trostloser geworden. Ob heute bald der Höhepunkt ist, wer kann es sagen. [...]

Heute, wo ich dies schreibe, steht der Dollar zum Preise von einer Milliarde Mark, also 2 1/2 Millionen Papiermark ist gleich 1 Pfennig von 1914. Was man nun für verschiedene Sachen zahlt in Papiermark, ist leicht zu berechnen, da sich fast alles danach richtet. Ein Stundenlohn ist heute 40 Millionen Mark. Wer hätte sich so eine trostlose Wirtschaft noch vor einem halben Jahr vorstellen können? Mit jedem Tage sinkt die Mark weiter und niemand scheint es hindern zu können. Wir haben seit 6 Wochen fast garkeine Aufträge mehr, alles stockt, und weil man nicht verkauft, kann man auch nichts kaufen. Ich habe noch etwas Auslandsgeld, damit bezahle ich nun noch meine Löhne. Das wird aber auch in gut 4 Wochen alle sein. Seit 4 Wochen arbeiten wir nur noch 24 Stunden die Woche, wie lange noch, ich weiß es nicht. Ich bin ganz unglücklich, man kann garnicht mehr überschlagen, was man für die Maschinen haben muß, und wo sich die Mark tagtäglich verschlechtert, so verliert man bei jedem Geschäft ungeheuer.

Ich will nun unseren Zustand wie folgt schildern, es ist dabei keinerlei übertrieben: Deutschland gleicht einem Irrenhause! Wohin sind wir in Deutschland gekommen? Wie kam es, daß wir dahin rollten? Wohin kommen wir unrettbar? Organisieren, in Verbänden zusammen schließen, das könnte die Lage jedes einzelnen verbessern, das ist uns im deutschen Lande jahrelang vor dem Kriege gepredigt. Sich selbst helfen, das führe nicht zum Glück. So predigte man uns, und die uns führen wollten, die machten sich das Leben recht behaglich. Den Blick übers ganze Vaterland verloren sie, und jeder einzelne, der galt nur dem Verbande mit seinen Mitgliedern etwas, der rücksichtslos auf alle andern einwirkte.

Wenn die Führer das nicht machten, dann taugten sie nicht. Daß so etwas auf die Dauer zum Unglück für unser ganzes Vaterland werden müßte, konnte ein einsichtsvoller Mensch schon lange beobachten.

Wie war nun die Entwicklung? Fangen wir doch wohl erst bei der Kohle an: Die Bergarbeiter Verbandsführer predigten: Ihr habt die schwerste Arbeit, ihr müßt mindestens 2 Stunden weniger als alle andern Arbeiter arbeiten und dabei auch mehr verdienen. Wer will behaupten, daß das falsch war. Dann kommen die Arbeiter der Großindustrie, die vor den Feuern und Hochöfen standen. Deren Führer predigten das selbe. Keiner kann sagen daß das falsch war. Dann kommen die Führer der Facharbeiter, die predigten: Ihr habt 4 Jahre gelernt, die Bergleute und Feuerarbeiter zum großen Teil nicht, so müßt ihr doch ebenso wenig arbeiten und eben so viel verdienen wie die vorgenannten. Auch die hatten oft nicht unrecht. Dann kamen die Angelernten, die behaupteten, sie arbeiten 4–6 Jahre mit den Facharbeitern in Fabrikbetrieben, machten nun das selbe. Auch das stimmt oft, auch die müßten dann das Gleiche verdienen. Nun kommen die Arbeitsleute: Ja, sagt man, wir müssen in Wind und Wetter die schmutzigsten Arbeiten machen, haben viel schwerere Arbeit, verbrauchen viel mehr Zeug, da müßten wir doch auch ebenso viel verdienen. Jeder Führer seines Verbandes weiß das so hinzustellen, daß er recht hat. Sollten seine Forderungen nicht bewilligt werden, dann wird gestreikt, und bei solch einem Streik, oft aus dem nichtswürdigsten Grunde, ruht der ganze Betrieb eines oft großen Werkes und die Kraftprobe beginnt. Es ist ja auch mal was anderes, als alle Tage arbeiten. Die Verheirateten müssen Verheirateten- und Kinderzulagen haben. Wer will behaupten, daß das Unrecht ist. Der Unverheiratete ist aber mißgestimmt, er arbeitet wie sein verheirateter Nebenmann, bekommt aber bedeutend weniger an Lohn als dieser, weil er eben keine Familie hat. Er will sich aber für seine künftige Familie was anlegen.

Das kann er aber nicht, so wie er wohl möchte, weil er nicht soviel verdient wie sein verheirateter Nebenmann. Der hat sicherlich auch kein Unrecht. Es gibt also trotz aller Verbände Gelegenheit zum ständigen Unzufriedensein genug, und die Hauptunterhaltungen auch bei der Arbeit drehen sich hierum.

Die Verbandssekretäre geben sich nun alle Mühe, recht viel für ihren Verband heraus zu holen, täten sie das nicht, dann taugten sie ja auch nicht und ihre schöne Stelle wäre gefährdet. Sie freuen sich also, wenn recht viel Stoff vorhanden ist, um darüber den größten Redesturm entfalten zu können.

Nun stelle sich einer alle die verschiedenen Gruppen vor, dann ist die mal eine Strecke im Voraus, dann wieder eine andere Gruppe, und so geht der Wettlauf weiter. Über die ganze Lage kümmert sich keiner, das will für gewöhnlich auch keiner. Täte er das, dann könnte seine Gruppe ja auch ins Hintertreffen kommen. Das ist nun mal erst das Wettrennen der Handarbeiter. Ebenso geht der Wettlauf bei den Kopfarbeitern.

Nun kommen die Arbeitgeber, die kleineren, die mittleren und die Großbetriebe. Die beiden ersteren haben den schlimmsten Stand, die sind ganz und gar abhängig von Großbetrieben, die können weder streiken noch sonst einen Druck irgendwo ausüben, die müssen geduldig hinnehmen, was man ihnen auferlegt. Gewiß sollen die auch ihren Teil suchen im Verband, oft als Mitläufer der Großbetriebe, aber wo ist ein Erfolg? Die können ja ihre Wünsche vortragen, aber erzwingen können die nichts.

Die Großindustrie ist sich wohl bewußt, über alle die Macht zu haben. Die tut, was ihr gefällt, jedoch meines Erachtens auch nur bis zu einer gewissen Grenze, es sei denn, daß diese sich international verbrüdert. Und dann haben wir nur noch ein paar Leute, die die ganze Welt beherrschen, und die andern sind die Knechte. Wie lange so eine Verbrüderung anhält, wenn Arbeitsmangel ist, das ist eine andere Frage.

Soweit sind wir nun gekommen, jeder ist gut organisiert in seinem Verband, vorsichtigerweise in mehreren Verbänden. Jeder ist gebunden und geknebelt durch Paragraph so und so an Händen und Füßen, kann nicht zu knapp zahlen, wofür er im Grunde genommen nichts weiter hat, als daß er selber aus freiem Willen nichts mehr tun und lassen darf. Keiner darf sich ums Ganze seines Vaterlandes kümmern, dafür sind ja überall die Verbandsvertreter, die selber es besser wissen, wie weit man gehen kann, damit es doch ja dem Verbande nicht schadet.

Was hat man nun mit alldem erreicht? Was hat die Mehrzahl des deutschen Volkes erreicht?

Keine Arbeit mehr, und daher kaum noch Brot, und wer nun in der glücklichen Lage ist, daß er heute noch Arbeit, Brot und Kleidung hat, der wird es sicherlich auch bald erleben, daß das gleiche Unglück ihn selber treffen wird.

Man mache doch die Augen auf: Wo geht die Arbeit am flottesten? Da, wo nichts Produktives geschaffen wird: Banken, Steuerbüros, Krankenkassen, Arbeitslosenämter, Versicherungsinstitute, Lohnbüros, das sind alles Institute, die nur leben können von anderer Hände Arbeit. Alle die großen Beamtenheere hierfür wären bei geordneten Verhältnisse zu $9/10$ überflüssig und sind ein Auswuchs unserer total verfahrenen Ideen.

Wo wird noch producktiv gearbeitet? In Bergwerken vielleicht die Hälfte wie vor dem Kriege. Deutsche Kohlen können nur noch die Großindustrie und die Eisenbahn haben, alle andern Betriebe müssen die Kohlen aus England beziehen. Hier im Vaterlande haben wir Kohlen

»Hier im Vaterlande haben wir Kohlen genug in der Erde sitzen, aber unsere vorhin geschilderten Verbandsverhältnisse lassen es nicht zu, daß die Kohle so billig geliefert wird wie vom Auslande.«

genug in der Erde sitzen, aber unsere vorhin geschilderten Verbandsverhältnisse lassen es nicht zu, daß die Kohle so billig geliefert wird wie vom Auslande.

Die Folge ist, unsere Produckte werden zu hoch im Preise und können daher im Auslande nicht mehr abgesetzt werden. Im Inlande kann nun bald auch keiner mehr etwas kaufen, wo 2 ½ Millionen Papiermark 1 Pfennig wert sind. Also bald wird alles vollständig arbeitslos werden. Die kleineren und mittleren Betriebe sind es heute schon, und die Großbetriebe werden folgen. Dann bezieht bald alles Arbeitslosenunterstützung, die Gesetze dafür sind alle da, Goldmarkberechnung, Ernährungsindex sowie Handelsindex, alles ist ja so schön fertig gestellt. Dann soll's so weitergehen, die Staatsbetriebe nennen nur den Index und Gehälter und Löhne sind fertig. Die Frachten werden darnach erhöht und ebenfalls das Porto. Ob denn überhaupt noch was zu verfrachten ist und noch ein Brief zu verschicken sein wird, darum kümmert sich kein Mensch. Die Steuer soll alles decken, wer denn zuletzt noch diese so nötig werdenden Steuern zahlen soll, darauf bin ich neugierig. Wer es von den Kassenmitgliedern eben machen kann, meldet sich krank, dadurch entstehen wohl so ungeheure Kassenbeiträge.

Keiner bekümmert sich mehr um das Ganze, nur jeder für sich und Gott für uns alle.

Nun möchte man wohl jeden einigermaßen normalen Menschen fragen, wo steht nun die milchgebende Kuh, von der man alles holen kann. Wo es keinem einfällt, daran zu denken, wie man es anfangen muß, dieselbe milchgebend zu erhalten. Steuern mit hunderterlei Namen, Arbeitslosenunterstützung, alle möglichen Kassenbeiträge, die hohen Bankzinsen neuerdings 10 % pro Tag. Dann die ungeheueren Summen, die wir an die uns besiegten Mächten

bezahlen sollen. Wer da glaubt, daß wir das alles können, ohne daß jeder Deutsche sich alles eben Entbehrliche entsagen muß, der ist ein Idiot.

Der Deutsche als Denker und Dichter, von uns lange Jahre gerühmt, ist zum traurigen Idioten geworden. Mir kommt es so vor, wir sind alle bald rettungslos verloren, allein dadurch weil jeder für sich selbst gesorgt hat und nie das Ganze, das deutsche Vaterland zu erhalten gedachte.

Nicht einzelne Menschen, nicht einzelne Stände und Verbände können ein Land erhalten, nur wenn alle für das Gefehlte leiden wollen, wenn alle am Aufbau helfen wollen, alle Entbehrungen auf sich nehmen wollen, nur dann ist an einen Aufstieg aus dem Sumpf, darin wir sitzen, zu denken. Es scheint noch heute sehr wenigen Deutschen klar zu sein, daß nur auf letzt genanntem Wege Hülfe zu finden ist, die Mehrzahl rennt wie in einem Irrenhause vor Widerständen weg, die nur mit großer Überlegung und Selbstverleugnung aus dem Wege zu räumen sind.

Heute, wo ich den Schluß schreibe, ist der 17. Dezember 1923, also kurz vor dem schönen Weihnachtsfest. Die Lage ist seit Oktober um nichts besser geworden, nur eins ist erträglicher: indem wir seit 14 Tagen wieder eine künstliche feste Währung haben. Eine sogenannte Rentenmark ist gekommen, diese hat einen Wert wie 1 Billion Papiermark. 4,2 Billionen Papiermark ist gleich einen amerikanischen Dollar. Bis vor gut 14 Tagen ging unsere Papiermark jeden Tag wieder herunter und jeder ehrliche Mensch hatte täglich viele viele Mark Verluste, und die Wucherer und Schieber verdienten großartig. Die kauften Getreide oder sonstige Vorräte auf 4 – 6 Wochen Wechsel. War dieser zahlbar, dann stand die Ware oft genug bei dem 20 – 50fachen Preis. Also der konnte dann mit dem Erlös von einem Waggon den ganzen Wechsel einlösen und hatte dann 19 – 49 Waggons übrig. Das ist in vielen Fällen nicht übertrieben, so war es wirklich. Heute nach Einführung der neuen Rentenmark ist dies ganze Schiebergeschäft ruhig geworden. Nun können diese ja nicht mehr verdienen, alles ist im Preise gefallen. Roggen kostete vor 14 Tagen pro Zentner bis 25 Billionen, heute kann man für 8 Rentenmark einen Zentner kaufen. Gefallen ist alles zwar nicht in dem

»Keiner bekümmert sich mehr um das Ganze, nur jeder für sich und Gott für uns alle.«

Maße wie Getreide, nun stockt aber auch das ganze geschäftliche Leben. Es wird nichts mehr gekauft, alles ruht.

Gestern soll die Großindustrie in Osnabrück allen ihren Arbeiter gekündigt haben, weil die Arbeiter die von ihr verlangte 10stündige Arbeitszeit nicht annehmen wollten. Also nach Besserung schreit der Arbeiter und alle, aber helfen zum Aufbessern, statt 8 Stunden 10 Stunden pro Tag arbeiten, das will man nicht. Was uns nun die nächsten Tage bringen, wer kann es wissen.

17. Februar 1926

Über 2 Jahre sind vergangen, seitdem ich die letzten Zeilen hier niederschrieb. Ich will mich aufraffen, das seitdem Erlebte doch wieder nieder zu schreiben. Die Mark ist stabil geblieben, 1 Goldmark gleich 10/42 Dollar. Anfang 1924 haben wir wöchentlich 2 bis 3 Tage feiern müssen, bis daß wir am 13. Juni 1924 den Betrieb vollständig schließen mußten. Die Leute in unsern Wohnungen sind nach cirka 14 Tagen wieder angefangen zu arbeiten, dann wurde der Absatz wieder lebhafter und nach und nach konnten wieder Leute eingestellt werden, so daß um Jahresschluß wieder alle arbeiten konnten. So ging das Geschäft verhältnismäßig auch für 1925 ganz gut, die Läger wurden leer.

Da aber kam im Oktober der Zusammenbruch von ungeheuren vielen Geschäften, ein Konkurs, eine Geschäftsaufgabe nach der andern. Alte Kunden, mit denen wir 25 – 30 Jahre gearbeitet haben, brachen zusammen, und wir bekommen unser Geld für gelieferte Ware nicht mehr. Ungeheuere Verluste werden wir zu verzeichnen haben, ob es mit 20 Tausend Mark aufhören wird?

Zusammenbrüche großer Werke sind keine Seltenheiten mehr. Arbeiterentlassungen bis auf die Hälfte, dann hier, dann dort, ebenso geht es mit den Beamten. Arbeitslose gibt es bald soviel wie Arbeitende. Arbeitslosenunterstützungen muß der Arbeiter, der noch Arbeit hat, und der Arbeitgeber je zur Hälfte zahlen. Immer weiter kommen wir in den Abgrund, wie will das enden? Wer Geld hat, kann ja heute alles haben, und sparsam leben will noch kein Mensch, lieber bezahlt er nicht, was er schuldig ist. Wir, das Volk der Dichter und Denker, sind ein Volk der Gleichgültigkeit und Unehrlichkeit geworden, ein Volk der Betrüger und Pleitenmacher. Im Auslande, wo wir 1925 10 % unserer Jahresproduktion abgesetzt haben, haben wir keine Mark verloren, aber im Inlande die erschreckenden Verluste.

Treu und Glauben sind dahin bei uns im deutschen Vaterlande. Gleichgültig lebt unser Volk weiter, als ob alles in bester Ordnung wäre. Wie will es enden? Man faselt, es wird bald besser, es muß bald besser werden, als ob die Hülfe aus den Wolken auf uns hernieder fiele.

Das Jahr 1924 war ein ganz nasses regnerisches Jahr, das Getreide auf den Feldern verdarb fast zur Hälfte. Kein Mensch wußte sich an ein solch nasses Jahr zu erinnern. Der Landwirtschaft wurde deshalb die Steuer erlassen oder gestundet, dagegen mußten andere Steuerzahler dafür herhalten.

September 1923 haben wir unsere Firma in eine Gesellschaft m.b.H. umgewandelt. Gesellschafter sind: meine 5 Kinder und ich. Unser Umsatz 1924 betrug: 3593 Amazonen, 1025 Federkraft, 64 Michel, dafür gab es einen Gesamtbarbetrag von 345 535 Mark; 1925: 3685 Amazonen, 1380 Federkraft, 116 Michel und 318 Ama Wagen. Gesamtbetrag: 479 296 Mark. [...]

Was soll ich noch mehr schreiben? Die Geschichte wird die Geschicke Deutschlands in jeder Beziehung wohl für die Nachwelt festhalten, besser als ich es zu schreiben vermag.

Lebensfroh wie sonst vor dem Kriege kann man heute nicht mehr an die Arbeit gehn, ich nicht. Wenn ich nicht noch meine liebe Frau hätte, würde ich wohl verzagen. So lange ich die noch habe, muß es alles noch gehen. Man will den Betrieb mindestens auf alter Höhe erhalten, und ich kann nicht mit ansehen, daß er nach und nach in sich zusammen bräche. Hoffentlich helfen mir bald meine Söhne, wenn ich erlahme, einstweilen geht es ja noch auch Dank meines guten Prokuristen Wilhelm Thies. [...]

>>Treu und Glauben sind dahin bei uns im deutschen Vaterlande. Gleichgültig lebt unser Volk weiter, als ob alles in bester Ordnung wäre. Wie will es enden? Man faselt, es wird bald besser, es muß bald besser werden, als ob die Hülfe aus den Wolken auf uns hernieder fiele.<<

20. Juni 1930

Mehr als 4 Jahre sind nun schon wieder vergangen, seit ich die letzte Aufzeichnung in diesem Buche machte. Mir vergeht die Lust, manches so unerfreulich erlebter Tage nieder zu schreiben. Noch kein Lichtblick ist zu sehen. Heute im Sommer sind über 3 Millionen Arbeitslose, die Zahl wird sich sicher steigern. Das Reich ist in großen Nöten wegen der Unterstützungsgelder nebst der immer höher werdenden Reichsausgaben. Die Steuern sind bald nicht mehr zusammen zu bringen. Einer frägt den anderen: Wo will das hinaus? Was will das werden? Rationalisieren hieß es vor Jahren, das soll uns helfen. Nun da dies vielerorts vollbracht ist, fehlt der Absatz, die Leute werden entlassen, und nirgends ist Arbeit zu finden. Überproduktion im höchsten Grade.

Fabriken oder Fabrikteile stehen still, dabei sinkt die Kaufkraft täglich. Die Ackerprodukte resp. die landwirtschaftlichen Erzeugnisse sind teils so niedrig im Preise wie in den Vorkriegsjahren. Daher hält sich der Landwirt im Kauf von landwirtschaftlichen Maschinen sehr zurück. Wir hatten 1928 um diese Zeit 104 Arbeiter, 1929 125 und heute auch 125 Personen

Leider ist der Absatz seit Ende März sehr schlecht gewesen, und unsere Läger sind heute überfüllt, so daß wir nicht anders können, als vorerst den größten Teil unserer Leute zu entlassen. Wir haben 100 Mann gekündigt, die am Sonnabend, den 19.6. aufhören müssen. Der Schritt fällt mir sehr schwer, aber es geht nicht anders. Wie lange dieser schlechte Absatz dauern wird, ist ja nicht zu sagen. Die Leute bekommen ja ihre Arbeitslosenunterstützung, jedoch natürlich nicht so viel, wie wenn sie arbeiten können.

Heinrich ist seit Juni 1927 auch hier im Geschäft, er hat sein Diplon-Examen gemacht und ist mir eine sehr gute Stütze. Er gibt sich sehr viel Mühe in Bezug von Verbesserungen an unsern Maschinen, hoffentlich gelingt ihm manches. An den Düngerstreuern hat er anerkannterweise manches verbessert. Gerade an Düngerstreuern sind Verbesserungen sehr schwer durchzuführen, dabei ist die Konkurrenz so sehr groß. Auch in den andern Maschinen ist er dauernd am suchen, wo noch was zu verbessern ist. Weiter ist er dabei, eine Sortiermaschine zu schaffen für alle empfindlichen Früchte. Eine hat er fertig, und die scheint gut zu sein. Es wäre so sehr zu wünschen, daß wir noch einige gute Artikel zu unsere bisherigen finden könnten.

Unser Erich ist seit März 1929 auch hier als Kaufmann tätig. Er will gerne noch in einem andern Geschäft tätig sein, aber nirgends ist heute unter zu kommen. Er hat nach seiner Lehrzeit bei Dierks & Söhne in Osnabrück 1 Jahr die Nöllesche Handelsschule besucht, dann ein weiteres Jahr in Bielefeld die Oberhandelsschule, alles mit gut abgeschlossen. Er gibt sich sehr viel Mühe, unser Geschäft zu heben. Bei unserer Kundschaft, soweit er sie kennt, ist er sehr beliebt, er hat die Gabe, sehr gut damit umgehen zu können. [...]

Der von Heinrich Dreyer weiterentwickelte Walzenstreuer ›Hadega‹, ca. 1930

Heinrich und
Erich Dreyer

DLG-Ausstellung,
Stuttgart

12. Dezember 1931

Ich will doch mal wieder etwas niederschreiben, obwohl man doch kaum den Mut dazu hat. Man glaubte schon voriges Jahr, die wirtschaftliche Not könnte nicht größer werden, aber es geht immer noch tiefer ins Unglück hinein. Über 5 Millionen Arbeitslose sind schon heute in Deutschland, auch in andern Ländern. Besonders England und auch Amerika sollen das gleiche Unglück haben, aber da hat der Staat noch Geld, Deutschland aber ist bettelarm. Der Staat weiß sich heute nicht mehr anders zu helfen, als den Reichstag nach Hause zu schicken und nur durch die Regierung das Reich zu verwalten. Alle die getroffenen Maßnahmen hier aufzuführen ist mir nicht möglich, die werden auch sicherlich von Schriftstellern festgehalten und der Nachwelt erhalten bleiben. Wie und auf welche Art Hülfe kommen soll, kein Mensch weiß es. Was steht uns wohl noch alles bevor? Unser Geschäftsabschluß für 1931 ist heute noch nicht fertig, und über das Ergebnis läßt sich noch nichts bestimmtes sagen. Ich lasse das Ergebnis nach Bilanzfertigstellung folgen.

Die Witterung war 1930 und auch 1931 durchweg regnerisch, jedoch war in beiden Jahren noch eine Mittelernte. Das Übel aber ist, daß die landwirtschaftlichen Produkte so niedrig stehen, daß sich die Landwirtschaft nicht mehr rentiert. Überall hört man von starker Verschuldung, eventuell Zusammenbrüchen, der Landwirt kann nicht mehr die nötigen Maschinen kaufen und der noch kauft, bezahlt seine Schulden dafür nicht mehr. Die Zahlungseinstellung der Händler ist die Folge, und der Fabrikant hat

das Nachsehen. Die Zusammenbrüche der Fabriken ist in erschreckender Weise erfolgt und geht noch ungemindert weiter. Ob Europa ganz zusammenbrechen soll mit seiner großen Bevölkerung, es sieht fast ganz darnach aus. Gewiß gibt es noch Leute, die schwer verdient haben müssen. Besonders sind das hier die Wirtschaften, Bäcker und Schlachter, die können noch bauen und dabei so auffallend luxuriös, daß man sich fragt, wie ist es möglich.

Außerdem sind am besten im letzten halben Jahr die Möbelfabriken beschäftigt. Es scheint so, als ob diejenigen, die noch Vermögen haben, die Entwertung der Mark befürchten und sich nun alles mögliche dafür kaufen und anscheinend am meisten in Luxusartikeln. Für uns ist es nun sehr schwer, welchen Weg wir am besten gehen. Wir müssen Gelder in Reserven haben, mit geliehenen Geldern können wir nicht fabrizieren. Was es werden will für uns, ich weiß es nicht. In unsern Fabrikaten wird fast nichts mehr verkauft, wir arbeiten heute mit cirka 45 Leuten 4 Tage die Woche, dabei sind die Läger fast ganz voll, was sonst erst im Juni der Fall war. Die unumgängliche Folge ist, daß wir wieder den Betrieb gänzlich still legen müssen. Wir waren diesen Sommer zur D.L.G. Ausstellung in Hannover, vorigen Sommer in Köln. Interessenten waren genug da, auch wurde auf Abruf ganz gut gekauft, jedoch die Abrufe erfolgten nur zum Teil.

[...] Seit gut einem Jahr ist dann da oben bei den Leuten, die die Führung Deutschlands in Händen halten, die Erkenntnis gekommen, daß wir doch sparen müßten. Bis dahin hat anscheinend keiner etwas anders gedacht als, das ginge immer ins Tolle so weiter, nur immer Anleihe machen. An zurückzahlen hat anscheinend kaum einer gedacht, Gehälter und Löhne immer mehr erhöht.

Heute stehen wir am gähnenden Abgrunde, und ein Fehlgriff kann es machen und wir stürzen hinunter. Heute kriechen wir vor unsern Gläubigern, diese aber sagen: Bezahlt, was ihr uns schuldig seid, ihr habt euren Zustand ja selbst verschuldet. Und wenn man ehrlich sein will, so muß man bekennen: Unsere Führer waren total unfähig, ein Volk, das den Weltkrieg verloren hat, sein Vermögen geopfert hat, wieder hinauf zur Höhe zu führen. Höchstes war denen,

sich an der Futterkrippe zu drängen. Waren sie erst an führender Stelle, dann sich und ihresgleichen zu Gehältern zu verhelfen, die das Volk ins Meer der Armut stürzten. Arbeitslos, brotlos, dadurch verkommend an Leib und Seele, so stehen wir heute. Ausstellungen haben wir beschickt der Deutschen Landwirtschaftlichen Gesellschaft:

1927 in Dortmund,
1928 in Leipzig,
1929 keine,
1930 in Köln,
1931 in Hannover,
1932 in Stuttgart, außerdem
einige Male die ›Grüne Woche‹ in Berlin.

Das sind die Worte meines Großvaters, die er in seiner Chronik von Hand niedergeschrieben hat. Ich habe darauf verzichtet, immer wieder meinen Kommentar hinzuzufügen, der Leser kann sich dazu seine eigene Meinung bilden. Ich kann nur feststellen, dass es die unerträglichen politischen Verhältnisse vor 1933 waren, die einen Mann wie Hitler mit einer so großen Zustimmung der Bevölkerung an die Macht gebracht haben.

8. August 1933

1932 habe ich keine Niederschrift gemacht, ich will es heute jedoch nachholen. Dies vorige Jahr war für uns nichts besser als 1931. In beiden Jahre hatten wir keinen Gewinn in unserm Betrieb, wir sind so eben grade geblieben. Die schludrige Staatswirtschaft ging weiter, wir sind in Deutschland immer tiefer gesunken, das Parteiwesen und die Parteikämpfe nahmen überhand, Reichstagswahlen alle paar Monate, dabei waren die Verhandlungsergebnisse vorwiegend Schlägereien in den Sitzungen gemeinster Art. Es sah aus, als ob unser Volk und dessen Vertreter aus dem Irrenhaus entsprungen wären. In diesem Wirrwarr kam ein Mann, der anscheinend Deutschland gerettet hat: Adolf Hitler. Er hat es verstanden, die Mehrheit des deutschen Volkes hinter sich zu haben. Diese seine Bewegung nennt sich Nationalsozialistische Deutsche Arbeiterpartei. Die Wahl zum neuen Reichstag am 5. März 1933 und Landtagswahl am

12. März 1933 schloß mit großer Mehrheit der Nationalsozialisten, die Mehrheit anderer Parteien wurde aufgelöst und der ganze Reichstag nach Hause geschickt. Die ganze Regierung besteht aus Nationalsozialisten und diese regiert ganz Deutschland. Wir haben nun ein einiges Deutschland inklusive aller Länder. Der Marxismus und Kommunismus ist aufgelöst, und wo noch Reste sind, die werden nun wohl hoffentlich alle verschwinden. Heute ist doch wieder Aussicht auf Besserung, das geht zwar nicht schnell, aber wenn diese Einheit von Bestand ist, was wir hoffen wollen, dann wird der Aufstieg nicht fehlen. Hitler ist unser Retter und dem müssen wir beistehen und ihn unterstützen mit unserer ganzen Kraft, das ist unsere einzige und letzte Rettung. Die leitenden Herrschaften des Marxismus waren in der Mehrzahl Spitzbuben und große Betrüger, was schon zum großen Teil aufgedeckt ist und fortwährend noch aufgedeckt wird. Diese Leute verschwinden und andere,

Trotz schwierigster Verhältnisse hatte das AMAZONENWERK 1933 sein 50-jähriges Bestehen erreicht.

Landmaschinenfabrik

H. DREYER M.B.H.

KARTOFFELSORTIERER · DÜNGERSTREUER

BANKKONTO:
DEUTSCHE BANK u. DISKONTO-GESELLSCHAFT, OSNABRÜCK
POSTSCHECKKONTO: HANNOVER 51280
FERNSPRECHER: AMT OSNABRÜCK 5290
AMT HASBERGEN 34.
TELEGRAMM-ADRESSE: AMAZONENWERK OSNABRÜCK

»Für uns wird es besser, wenn auch der Bauer für seine Erzeugnisse mehr Geld bekommt, besonders die Vieh- und Fleischpreise müssen erhöht werden, daß der Bauer dieselben auch mit etwas Nutzen erzeugen kann.«

dessen Leitwort, wie das unsers Führers und Volkskanzlers Adolf Hitler, »Gemeinwohl geht vor Eigenwohl« ist, treten an die Führerstellen. Mit aller Macht sind die Bestrebungen im Gange, daß Arbeit geschaffen wird, damit die vielen, über 5 bis 6 Millionen Arbeitslosen wieder Arbeit bekommen. Es sollen heute schon seit Mai dieses Jahres 2 Millionen Arbeitslose weniger sein. Der 1. Mai war ein nationaler Feiertag, wo alle Arbeiter einen Umzug machten, auch unsere ganze Belegschaft mit den leitenden Personen. Auch meine Söhne und ich machten den Umzug gerne mit.

So geht es nun fortwährend mit aller Kraft weiter, wieder Ordnung, Arbeit und Brot für jeden Deutschen zu schaffen, und man hofft allgemein, daß heute der rechte Weg eingeschlagen wird und der Erfolg nicht ausbleiben wird. Wir können zwar einen Mehrabsatz gegenüber 1932 heute noch nicht feststellen, doch den Ausschlag geben die nun kommenden Monate August, September und Oktober. Für uns wird es besser, wenn auch der Bauer für seine Erzeugnisse mehr Geld bekommt, besonders die Vieh- und Fleischpreise müssen erhöht werden, daß der Bauer dieselben auch mit etwas Nutzen erzeugen kann. Milch und Butter sind ja schon im Preise gestiegen und soviel, daß es für den Bauer erträglich ist. Alles weitere ist ja wohl in Büchern festgehalten und für jedermann nachzuschlagen.

Wir hatten am 15. Juli dieses Jahres die Wiederkehr unsers 50jährigen Bestehens unsers Werks. Im Jahre 1883 übernahm ich den Handwerksbetrieb von meinem Vater und richtete mich mit 21 Jahren auf einen fabrikmäßigen Betrieb von Getreidereinigungsmaschinen ein. Nach 50 Jahren, also heute 1933, stehen wir noch soweit gesund da, und das ist in heutiger Zeit nach

all dem Erlebten in 19 Jahren doch schon allerlei. [...] Ich habe leider noch ganz vergessen, wie es unserm alten braven Reichspräsidenten von Hindenburg noch geht. Er ist ja vor 2 Jahren nochmals mit großer Stimmenmehrheit zum Reichspräsidenten Deutschlands gewählt. Er hat es auch eingesehen, daß Adolf Hitler, ein schlichter Mann aus dem Volke, wohl die Fähigkeiten besitzt, ein großes Volk richtig zu führen, und hat zugestimmt, daß er als Deutscher Reichskanzler gewählt wurde. Und von Hindenburg und Adolf Hitler arbeiten nun mit vereinten Kräften zusammen an dem Wiederaufbau unsers Deutschen Vaterlandes. Beide haben es verstanden, Männer um sich zu berufen, denen es wie ihrem Führer wirklich am Herzen liegt, Deutschland wieder aufzubauen auf den Trümmern der vergangenen 19 Jahre. Es war die höchste Zeit, wenn Deutschland noch gerettet werden sollte, wir standen am Rande des Abgrundes. Heute sehen wohl die meisten Deutschen es ein, welcher Gefahr wir entronnen sind.

Ein einiges Deutschland, nur das kann wieder aufbauen, was die Parteiwirtschaft zerschlagen hat: Der heute noch fern steht, möge bald erkennen, worum es geht. Also Deutscher erwache. [...] Die Witterung ist dies Jahr gut gewesen, die Früchte sind gut geraten und in 1 Woche wird alles wohl schon eingebracht sein. Die Kartoffeln und Runkeln, also alle Hackfrüchte, stehen sehr gut. Wir haben Gott zu danken für alles Gute, was wir empfingen, und um seinen Beistand zu bitten für die kommende Zeit. Wir haben in diesem Jahr die D.L.G. Ausstellung am 20. – 28. Mai in Berlin beschickt und im Februar die ›Grüne Woche‹. Der Erfolg beider Ausstellungen war ja, wie man es bisher erlebt hat, verhältnismäßig gut, der sich ja auch bekanntlich immer nachwirkt.

Endlich, im Jahre 1934 zeigte sich bei den AMAZONENWERKEN und auch allgemein in der deutschen Wirtschaft wieder ein Silberstreif am Horizont. Mein Großvater berichtet zum letzten Mal in seiner Chronik, danach hat er keine weiteren Eintragungen vorgenommen. Die Sorgen der schlechten Zeiten hatten an seinen Kräften gezehrt. Seine beiden Söhne Dipl.-Ing. Heinrich Dreyer und Erich Dreyer hatten die Nachfolge angetreten. Heinrich Dreyer sen. konnte sich nach diesem erfolgreichen Lebenswerk noch ein paar Jahre ausruhen.

27. Mai 1934

Wir haben zu Anfang dieses Jahres, Januar, Februar und März sehr viel Arbeit gehabt, ganz unerwartet viel besonders an Düngerstreuern. Das dreifache wie in den voraufgehenden Jahren haben wir verkauft, sodaß wir trotz der vermehrt eingestellten Arbeiter nicht immer pünktlich, liefern konnten. Wir haben den Vorrat in Maschinen gut geräumt, doch heute ist es seit Mitte April im Geschäft sehr still geworden, und wir müssen mit unsern vielen Leuten, 120 Mann, alles auf Lager arbeiten. Wir arbeiten heute wieder voll und hoffen doch, daß es in der Saison doch wieder soviel besser wird, daß wir so weiter arbeiten können. Von Mitte April bis Mitte Juli ist es bei uns ja immer sehr schlecht, das war ja vor dem großen Kriege schon so.

Die Bilanz am 31. Dezember 1933 hat zwar keinen nennenswerten Gewinn gebracht, jedoch auch keinen Verlust. Und somit hofft man doch wohl mit Recht, daß wir auch mal bald wieder bei größerem Absatz auch wieder einen Gewinn heraus arbeiten können.

Wir haben im Februar wieder die ›Grüne Woche‹ in Berlin beschickt, und heute sind wir am aufbauen, vorerst Wilhelm allein in Erfurt, [...] hoffentlich lohnt sich auch dies Jahr wieder. [...]

Damit enden die persönlichen Aufzeichnungen meines Großvaters.

Die Belegschaft des AMAZONENWERKES mit dem Gründerpaar anlässlich ihrer goldenen Hochzeit

1935 – 2003

Die AMAZONE-Chronik
von Klaus Dreyer

Es geht bergauf

Die Hoffnung meines Großvaters, es möge in Deutschland wieder aufwärts gehen, hat sich erfüllt. Die Geschäfte zogen Mitte des Jahres 1933 wieder an und die Firma hat den Umsatz wieder steigern können – von den Düngerstreuern konnten sogar über 1000 Stück abgesetzt werden.

Endlich waren die schlechten Jahre überwunden, die Wirtschaft erholte sich langsam wieder und die Arbeitslosigkeit nahm rapide ab. Der Absatz der Getreidereiniger blieb einige Jahre konstant bei etwa 1000 Maschinen pro Jahr. Dagegen konnte der Verkauf der Kartoffelsortierer in sechs Jahren von 900 auf über 5000 gesteigert und der Verkauf der Düngerstreuer, ausgehend von 1000 Stück, verzehnfacht werden. Bei dieser rasanten Entwicklung reichten die Fertigungskapazitäten schon bald nicht mehr aus, sie mussten erweitert werden.

1934 wurde zunächst die Schlosserei in moderner Shedbauweise vergrößert. In der erweiterten Schlosserei konnten zusätzliche spanabhebende Maschinen und eine Gruppenmontage eingerichtet werden. 1935 wurden die neue Schmiede mit einer Grundfläche von etwa 1000 qm und ein angrenzendes Eisenlager mit 500 qm gebaut. In der Schmiede wurden sechs Schmiedeessen, ein Luftschmiedehammer und eine 250 t Exenterpresse der Firma HILO aus Aue in Sachsen aufgestellt, mit der u. a. die Kurbelwellen der Kartoffelsortierer geschmiedet werden konnten. Die Hilo-Exenterpresse hat noch bis 1975 ihren Dienst bei AMAZONE verrichtet. Heute steht sie als Denkmal der Technik im Vorgarten der Hauptverwaltung. 1936 entstand im Westen des Fabrikgeländes eine große Holzlagerhalle mit einer Grundfläche von 1500 qm. In dieser Halle wurden eine Holztrocknungsanlage und die Radmacherei für die vielen Holzräder der Düngerstreuer installiert. Auch die Felgen der Räder, aus Buchenholz, wurden hier in einem großen Ofen gekocht und rund gebogen. Anschließend kamen sie in eine Metallklammer, in der sie abkühlten und trockneten.

DLG-Ausstellung, Berlin 1935

1937 errichtete AMAZONE das neue Kesselhaus mit einer 300 PS starken Dampfmaschine Marke Buckau-Wolf, mit der der benötigte Strom selber erzeugt wurde; die Heizungen in den verschiedenen Hallen konnten mit dem Restdampf betrieben werden. Diese Dampfmaschine wurde nur zum Teil mit Kohle, hauptsächlich jedoch mit den Holzabfällen der Tischlerei beheizt. Die neue Dampfmaschine war der ganz besondere Stolz des Gründers Heinrich Dreyers, er führte noch bis kurz vor seinem Tode Besucher persönlich in das neue Kesselhaus, um allen seine Dampfmaschine zu zeigen. 1937 wurde auch die goldene Hochzeit des Gründerehepaares Heinrich und Lisette Dreyer gefeiert. Aus diesem Anlass wurde wieder ein Foto der gesamten Belegschaft mit der Familie Dreyer auf dem benachbarten Stöhrenberg gemacht. Die Situation war ähnlich wie im Jahre 1914: Ein furchtbarer Krieg, in diesem Falle der Zweite Weltkrieg, stand kurz bevor. Viele der Männer, die auf diesem Foto zu sehen sind, wurden eingezogen und sind im Krieg gefallen, so auch Erich Dreyer.

1938 schließlich fand die Einweihung des neuen ›Gefolgschaftshauses‹ statt. Es enthielt großzügige Wasch- und Duschanlagen für einen Großteil der Mitarbeiter. Außerdem waren im Keller des Hauses, wie zu der Zeit bereits vorgeschrieben, Luftschutzräume mit entsprechend verstärkten Decken gegen herabfallende Bomben eingerichtet.

Wenn in Osnabrück Bomben fielen, dienten diese Räume als Zuflucht. Ich habe selbst später etliche Nächte in diesen Räumen verbracht. Der eigentliche Zweck des Gefolgschaftshauses war jedoch, einen schönen großen Aufenthaltsraum für die Mitarbeiter bereitzustellen, wo diese in ihren Pausen, Frühstück und Mittagessen einnehmen konnten. Darüber hinaus wurden hier, wie auch heute noch, kleine Versammlungen und Feiern abgehalten.

Heinrich Dreyer starb am 11. Juni 1939, wenige Monate vor Ausbruch des Zweiten Weltkrieges. Die Trauerfeier fand in einer der Hallen statt, die aus diesem Anlass ausgeräumt und festlich geschmückt wurde. Heinrich Dreyers Sarg wurde von sechs seiner Mitarbeiter auf den Schultern vom Werksgelände getragen. Dabei ertönte die Dampfpfeife der neuen Dampfmaschine, ein bewegendes Ereignis. Der Trauerzug ging durch die gesamte Gemeinde zum Gaster Friedhof und war kilometerlang. Alle Mitarbeiter und deren Angehörige, die Vertriebspartner und Lieferanten, sie alle folgten Heinrich Dreyer auf seinem letzten Wege und dankten ihm für sein beachtliches Lebenswerk.

Dampfmaschine ›Buckau-Wolf‹ mit 300 PS für die eigene Stromversorgung und Heizung, 1937. Sie wurde mit Holzabfällen aus der Fertigung beheizt.

Die Feier anlässlich der goldenen Hochzeit. Dafür wurde die neue Tischlerei ausgeräumt.

Der AMAZONE-Walzenstreuer erobert den Markt

Sein Sohn, Dipl.-Ing. Heinrich Dreyer, hatte inzwischen die Weiterentwicklung der Maschinen, dessen Bruder Erich den Ausbau des Vertriebs übernommen. Heinrich Dreyer sen. hatte bis zu seinem Tode nach dem Rechten geschaut und Freude am Erfolg seines AMAZONEN-WERKES gehabt. 18 Jahre hatte er unter den schlechten Kriegs- und Nachkriegszeiten gelitten. Jetzt endlich ging es wieder voran, wie er es sich die ganze Zeit gewünscht hatte.

Erich baute das Geschäft in den östlichen Gebieten ganz erheblich aus. Schlesien, Pommern, Ostpreußen und Sachsen waren bislang vernachlässigt worden, obwohl dort viel Landwirtschaft betrieben wurde. Jetzt wurden tüchtige Vertreter eingesetzt und alle Ausstellungen intensiv beschickt. Das Ergebnis war, dass AMAZONE schließlich zwei Drittel seiner Umsätze im ›deutschen Osten‹ machte. Das war nicht einfach, weil bis zu diesem Zeitpunkt die Firma KUXMANN mit ihrem Kettenstreuer den Düngerstreuermarkt geradezu ›gepachtet‹ hatte. Der AMAZONE-Walzenstreuer war jedoch leichter, einfacher zu reinigen und außerdem billiger. So konnte er nach und nach dem Kettenstreuer den Rang ablaufen. Weil auch die Kartoffelsortiermaschinen einen gewaltigen Aufschwung erfuhren, wurde die Belegschaft in Gaste bis 1939 auf über 500 Mitarbeiter aufgestockt – welch gewaltige Entwicklung!

Leider war der erreichte Aufschwung der deutschen Wirtschaft nicht ohne Makel. Schon wieder zogen dicke Wolken am politischen Horizont auf. Die Landwirtschaft in Deutschland wurde stark gefördert, um von Lieferungen aus dem Ausland unabhängig zu werden. Man sprach damals von der ›Erzeugerschlacht‹. Später erkannte man, dass diese Autarkiebestrebungen Teil der Vorbereitungen für den nächsten Krieg waren.

Der erfolgreiche AMAZONE-Walzenstreuer ›HDG‹ (Heinr. Dreyer, Gaste), 1943

Streuwalze

Rührschieber

Durchlaß-schieber

Type HDG mit 1 Streuwalze

Einquartierung bei
AMAZONE: Das komplette
›Panzerregiment 6 Neuruppin‹
war circa ein Vierteljahr
in Gaste.

Kriegsszenerie hautnah

Nachdem der Polenfeldzug verhältnismäßig rasch abgewickelt war, erhielt das AMAZONENWERK Einquartierung von dem gesamten ›Panzerregiment 6 Neuruppin‹ von November 1939 bis 1940. Die Panzer und Lkws standen in der Nachbarschaft, in den Wäldern oder auf dem Betriebsgelände und wurden von den Soldaten repariert, gewartet und auf Hochglanz poliert.

Für uns Kinder war diese Einquartierung natürlich eine Attraktion. Wir waren ständig in der Fabrik, bei den Soldaten auf den Fahrzeugen, wenn nicht sogar in den Panzern. Unsere Eltern sahen uns – wenn überhaupt – nur noch zu den Mahlzeiten und abends, wenn die Soldaten uns nach Hause schickten. Zu diesem Zeitpunkt waren diese so ausgelassen, als wenn der Krieg bereits gewonnen wäre und keiner von uns rechnete damit, dass es anschließend in Frankreich weiterginge und erst recht nicht, welche Katastrophe insgesamt auf sie zukam. Im Laufe des Krieges wurde gerade dieses Panzerregiment vollkommen vernichtet und nur wenige von ihnen haben überlebt.

Die Verhältnisse ähnelten in Deutschland schnell denen im Ersten Weltkrieg: Das Material wurde knapp und teuer und für die Bevölkerung wurden Lebensmittelkarten ausgegeben, damit die wenigen Nahrungsmittel einigermaßen gleichmäßig verteilt wurden.

Die wehrfähigen Männer unter den Mitarbeitern, darunter auch Erich Dreyer, der kaufmännische Leiter der Firma, wurden zum Kriegsdienst eingezogen. Dadurch wurde die Zahl der Mitarbeiter nach und nach erheblich reduziert. Heinrich Dreyer übernahm die alleinige Geschäftsleitung.

Die Geschäfte der Firma waren zunächst vom Krieg nicht betroffen. Die Landwirtschaft wurde von der Regierung sehr gefördert, damit genügend Nahrungsmittel produziert werden konnten. So gingen weiterhin reichlich Aufträge ein. Aus dieser Situation entstand das Problem, genügend Personal und Material zu bekommen, was aber anfänglich noch gelang. Dies galt aber nur für die ersten Kriegsjahre, dann wurden Personal und Material so knapp, dass die Produktion der Maschinen zwangsläufig zurückgenommen werden musste. Man versuchte daraufhin, die zum Kriegsdienst eingezogenen Mitarbeiter durch Kriegsgefangene aus Russland zu ersetzen, was aber schwierig war, weil diese nicht genügend qualifiziert waren.

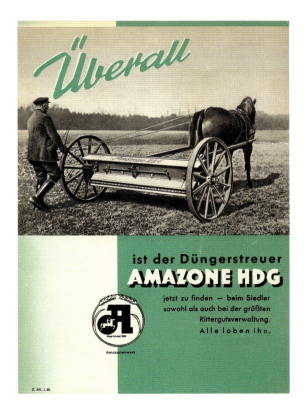

Düngerstreuer, 1939

Bomben auf das AMAZONENWERK

Im Sommer des Jahres 1944 erlebte das AMAZONENWERK einen dramatischen Bombenangriff. Ich kann mich noch sehr gut daran erinnern: Ich stand neben dem ›Gefolgschaftshaus‹, in dessen Keller Luftschutzräume eingerichtet waren, und sah ein ganzes Geschwader Flugzeuge sehr niedrig auf das Werk zufliegen. Es war gegen Mittag und die Sonne schien. Ich beobachtete, wie die Flugzeuge viele Bomben abwarfen, die deutlich sichtbar in der Sonne blinkten. Alle Leute, die noch draußen waren, rannten daraufhin in den Luftschutzkeller, und schon ging es los. So stellte ich mir ein Erdbeben vor: Die Wände bebten und ein furchtbares Krachen, das allerdings nur einige Sekunden anhielt, jagte allen Angst und Schrecken ein. Dann war Totenstille.

Als der Spuk vorbei war, rannten alle nach draußen, wo uns ein Staubnebel die Sicht auf etwa zehn Meter beschränkte. Ich lief zunächst zu unserem Wohnhaus und sah, dass es unbeschädigt geblieben war. Dann rannte ich weiter in das Betriebsgelände. Auch dort waren keine Schäden wahrzunehmen. Erst etwa 50 Meter hinter dem Werksgelände war der Bombenteppich niedergegangen, insgesamt etwa 500 Bomben. Die meisten waren in die Felder und Wälder der Umgebung gefallen. Nur drei Wohnhäuser waren beschädigt worden, darunter das Wohnhaus von Johann Dreyer, dem Mitstreiter meines Großvaters. Personen waren, wie durch ein Wunder, nicht zu größerem Schaden gekommen. Nur einer alten Frau war auf dem Weg in den Keller ein ganzer Schinken aus dem Wiemen auf den Kopf gefallen, allerdings ohne schwerwiegende Folgen zu hinterlassen.

Einquartierung von Firmen bei AMAZONE

Während des Krieges waren bei AMAZONE drei andere Firmen zwangsweise einquartiert worden, eine Elektrofirma KOCH aus Osnabrück, die in einer Halle u. a. Anker wickelte und Motoren herstellte, die Firma DAHMS, die in unserer Versuchswerkstatt Klaviere produzierte, und die Firma WESERFLUG aus Bremen, die in zwei Hallen beschädigte Jagdflugzeuge des Typs *Fokke Wulf 190* ausschlachtete und die brauchbaren Teile wieder einer nutzbringenden Verwendung zuführte.

Aus diesem Grunde standen in jenen Tagen ständig etliche Flugzeugrümpfe und Tragflächen in entsprechenden Gestellen bei uns auf dem Gelände, gut mit Netzen getarnt, damit man sie von oben nicht sehen konnte, zwischen den Bretterstapeln, aus denen Düngerstreuer und Sortierer hergestellt wurden.

Platz war im AMAZONENWERK genügend vorhanden, da man die riesigen Lagerhallen, die mein Großvater gebaut hatte, nicht mehr benötigte. Wir lebten ›von der Hand in den Mund‹ und Lagerbestände konnten kaum noch angelegt werden.

Uns Kinder zogen diese Flugzeuge natürlich magnetisch an. So schafften wir uns bald Möglichkeiten, trotz starker Bewachung näher an sie heranzukommen. An Wochenenden konnten wir uns sogar manchmal mit ein paar Hühnereiern als ›Entgelt‹ die Möglichkeit erkaufen, mit einem Flugzeug, welches komplett montiert in einer Halle stand, zu spielen, d. h. wir durften in der Kanzel und auch im Rumpf herumklettern. Der Wachsoldat ermahnte uns nur immer wieder, nicht so viel Lärm zu machen.

Die Folgen des Krieges

Überhaupt waren die Kriegsjahre für uns Kinder auch eine ausgesprochen interessante Zeit. Wenn irgendwo in der Nachbarschaft ein Flugzeug abgestürzt war, fuhren wir sogleich mit dem Fahrrad hin. Bei diesen Gelegenheiten kam es auch vor, dass wir zu abgestürzten Flugzeugen kamen, deren Insassen ums Leben gekommen waren. Teilweise lagen Leichenteile in der Gegend verstreut. Wir interessierten uns jedoch hauptsächlich für die Bewaffnung und die Technik, für kleine Motoren, Kompasse und komplizierte Steuerungsteile. Einmal haben wir aus einem Bomber sogar eine komplette Bordkanone ausgebaut und samt Munition auf einem Handwagen nach Hause transportiert. Dort hatten wir natürlich unsere eigenen Stellungen, wo die Waffen installiert wurden. Leider haben die Soldaten später unsere schöne Einrichtung wieder abgeholt. Auch drängte es uns regelmäßig, nach einem Bombenangriff mit dem Fahrrad nach Osnabrück zu fahren, um die entstandenen Schäden zu besichtigen. Aber der Krieg wurde immer schrecklicher, viele Menschen – Soldaten wie Zivilisten – wurden getötet und die Innenstadt von Osnabrück wurde durch Luftangriffe im Laufe des Krieges zu 85 Prozent zerstört.

Der erste Kartoffelsammelroder

Heinrich Dreyer beschäftigte sich in dieser Zeit mit seinem Lieblingsgerät, dem Kartoffelsammelroder. Bereits 1942 begann er mit der Produktion einzelner Versuchsroder, die bei größeren Betrieben in der weiteren Nachbarschaft erprobt wurden. Damit war AMAZONE die erste Firma in Deutschland, die sich mit der Kartoffelvollernte befasste. Heinrich Dreyer hat auf diesem Gebiet beachtliche Pionierarbeit geleistet. Die Konstruktion des Roders zeichnete sich dadurch aus, dass eine große Siebtrommel auf Stützringen über den Boden rollte. In diese Trommel warf ein konventioneller Schleuderradroder den Damm von Kartoffeln und Erde, der von spiralförmigen Klappen zum Ende der Trommel geführt wurde.

Praktischer Einsatz des ersten Kartoffelsammelroders ›S 42‹ mit Heinrich Dreyer, 1942

**Erich Dreyer war bis 1941
der kaufmännische Leiter
des AMAZONENWERKES.**

Gleichzeitig wurde die Erde abgesiebt. Am Trommelende waren Förderklappen angebracht, die die Kartoffeln nach oben auf ein Schwingsieb hoben. An dem Schwingsieb war ein Gebläse installiert, das die Kraut- und Wurzelreste zurück auf das Feld blies. Die Kartoffeln fielen schließlich in einen Behälter, der sich etwa alle 10 Meter wieder entleerte, sodass die geernteten Kartoffeln in großen Reihen auf dem Feld lagen und abtrocknen konnten. Später konnte man sie dann mit einer Ladeforke auf einen Wagen laden. Ab 1944 ging allerdings die gesamte Produktion stark zurück, hauptsächlich, weil nicht genügend Material zu beschaffen war.

Erich Dreyers Tod

Am 18. April 1945 fiel Erich Dreyer, mein Vater, in der damaligen Tschechoslowakei auf dem Rückzug von dem Russlandfeldzug, den er vom ersten Tag an hatte mitmachen müssen. Die Splitter einer verirrten ›Stalinorgel‹ hatten das Dach seines Funkmesswagens durchschlagen und waren in seine Brust eingedrungen. Wenige Tage später, am 8. Mai 1945, war der furchtbare Krieg endlich zu Ende. Heinrich Dreyer musste nun notgedrungen, wie auch schon in Kriegszeiten, die Firma alleine leiten.

Nachkriegszeit

Nach Kriegsende herrschte große Unsicherheit. Die überall in Baracken untergebrachten ehemaligen Kriegsgefangenen, in der Gegend von Osnabrück hauptsächlich Russen und Serben, zogen noch einige Wochen in Banden durch die Gegend und überfielen Menschen und Häuser – hauptsächlich Bauernhäuser –, um sich mit Nahrung und Wertgegenständen zu versorgen. Durch diese Aktivitäten wurden in der kleinen Gemeinde Gaste sogar drei Menschen getötet.

Mein Onkel Heinrich Dreyer musste mit seiner Familie sofort bei Kriegsende fliehen, um den Angriffen der ehemaligen Gefangenen zu entgehen. Seine Familie mit fünf Kindern fand in der Nachbarschaft auf dem kleinen Hof Ahrendröwer bei lieben, freundlichen Leuten eine vorübergehende Unterkunft.

Für das AMAZONENWERK bedeutete das Kriegsende zunächst die Schließung. Kurze Zeit später wurde die gesamte Werksanlage von der englischen Besatzungsmacht beschlagnahmt. In den ersten Wochen diente das Werk als Entlassungslager für deutsche Soldaten und später als ein so genanntes Durchgangslager. Pro Tag wurden durchschnittlich 10000 deutsche Soldaten von den Engländern auf ihren Lkws ›angeliefert‹. Sie wurden hier beköstigt, übernachteten eine Nacht auf den Bretterböden in den Werkshallen und wurden am nächsten Tag weitertransportiert. Der Aufenthalt ›bei AMAZONE‹ war sicherlich nicht komfortabel, jedoch waren alle Beteiligten glücklich, dass sie den Krieg lebend überstanden hatten und dass sie bald wieder nach Hause kommen würden. Ich kann mich noch gut an die Soldaten – teilweise noch Kinder im Alter von 15 und 16 Jahren – erinnern; sie waren abgemagert und steckten in viel zu großen Uniformen, waren aber glücklich, bald wieder zu ihren Eltern und Familien zu kommen.

Auch das elterliche Wohnhaus, das mein Großvater Heinrich Dreyer 1900 für sich gebaut hatte – jedenfalls der vordere Wohntrakt –, war von den Engländern in Beschlag genommen worden, dort waren die Wachsoldaten untergebracht. Meine Mutter und wir drei Kinder hatten uns derweil in den hinteren landwirtschaftlichen Trakt zurückziehen müssen. Nachdem alle deutschen Soldaten entlassen worden waren, gab die zuständige britische Militärregierung dem AMAZONENWERK die Produktionsräume wieder frei und erteilte ihnen die erforderliche Genehmigung zur Herstellung von Landmaschinen. Mein Onkel Heinrich Dreyer ließ den Betrieb wieder anlaufen. In der ersten Zeit arbeiteten etwa 50 Mitarbeiter in den weitläufigen Anlagen und begannen mit Aufräumungs- und Reparaturarbeiten. Man kann sich vorstellen, in welchem Zustand diese waren, nachdem sie über ein halbes Jahr nur als Entlassungslager genutzt worden waren. Alles, was man in den schlechten Zeiten gebrauchen oder zum Tauschen verwenden konnte, war gestohlen worden: Motoren, Schütze, Schalter, elektrische Leitungen, Werkzeug, Bürogeräte usw.

Als die Produktionsstätten wieder einigermaßen aufgeräumt und die wichtigsten Maschinen wieder hergerichtet waren, wurden erneut Landmaschinen, wie Düngerstreuer und Kartoffelsortiermaschinen, in Gaste produziert. Getreidereinigungsmaschinen wurden nicht mehr hergestellt, weil die Nachfrage im Laufe der letzten Jahre deutlich zurückgegangen war. Da die Dreschmaschinen inzwischen mit einer entsprechenden Reinigung ausge-

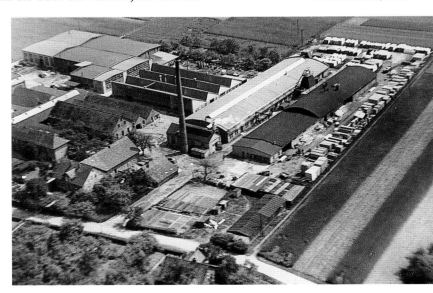

Werksansicht, 1948

Das Gefolgschaftshaus
wird heute als Gästehaus
genutzt

stattet waren, war eine zusätzliche Reinigung überflüssig geworden. In dieser Zeit setzte in ganz Westdeutschland, also auch in Gaste, der große Zustrom von den Flüchtlingen ein, die aus den ehemaligen deutschen Gebieten wie Schlesien oder Ostpreußen vertrieben worden waren. Um die vielen mittellosen Menschen unterbringen zu können, wurde das Gefolgschaftshaus des AMAZONENWERKS (das heute Gästehaus ist) beschlagnahmt. Dort kampierten für einige Tage etwa zwanzig Familien mit Kindern, hauptsächlich Leute aus der Gegend von Breslau.

Um möglichst viele Flüchtlinge menschenwürdig unterzubringen, zog eine ›Wohnungskommission‹ durch die Gemeinde, stellte fest, welche Räume nicht unbedingt benötigt wurden, und wies dort Flüchtlinge ein. Im Dreyerschen Wohnhaus wurden so zwei Parteien mit insgesamt neun Personen untergebracht. Die Hausherrin, meine Mutter, überließ ihnen alles an Möbel und Kleidung, was nicht dringend benötigt wurde.

Aufbruchstimmung

Nach dem Krieg setzte in Deutschland eine unglaubliche Aufbruchstimmung ein. Alle Menschen waren glücklich, dass der Krieg vorbei war, und gingen nun daran, die Schäden zu beseitigen und sich einen ordentlichen Lebensstandard zu schaffen. Lebensmittel waren immer noch knapp und die Bauern wurden, wie in den schlechten Zeiten des Ersten Weltkriegs, von so genannten Hamsterern belagert, die hungerten und die für ihr letztes Hab und Gut, welches sie über den Krieg gerettet hatten, Kartoffeln, Speck, Fleisch oder ähnliches eintauschen wollten. Die Züge, die von Osnabrück ins Ruhrgebiet fuhren, waren derart überfüllt, dass wir Dreyerschen Schulkinder oft auf den Trittbrettern der Wagen mitgefahren sind, um von der Schule in Osnabrück wieder nach Hause zu kommen.

Heinrich Dreyer konnte auf seine bewährten Mitarbeiter zurückgreifen, die nur darauf gewartet hatten, ihre gewohnte Arbeit wieder aufnehmen zu können: Die Leitung der Finanzen besorgte der Prokurist Wilhelm Thies. Meister der Tischlerei war nach wie vor Heinrich Meyer, Meister der Schmiede war Oskar Dreyer (ein Sohn von Friedrich Dreyer), Meister der spanabhebenden Bearbeitung war Arnold Dreyer, Oskars Bruder, und Meister der Lehrwerkstatt war Karl Sindt. Schließlich übernahm der Kaufmann Willy Meyer, der inzwischen wieder unbeschadet aus dem Krieg zurückgekommen war, den Einkauf.

Willy Meyer hat, wie einige andere Mitarbeiter auch, eine typische AMAZONE-Karriere gemacht. Er fing 1936 – noch zu Zeiten meines Großvaters – als Lehrling bei AMAZONE an und hörte 1992 als Prokurist und Mitglied der Geschäftsleitung im Alter von 70 Jahren auf. Willy Meyer, Leiter des Einkaufs und Personalchef, war mit kurzer Unterbrechung während des Krieges, als auch er Soldat war, insgesamt 56 Jahre bei AMAZONE tätig. Er arbeitete mit drei Generationen der Dreyers zusammen und erwarb sich während dieser Zeit große Verdienste, weswegen auch er mit einer Urkunde der Geschäftsleitung besonders geehrt wurde. Er war in unserer Firma kein Einzelfall, auch der Kaufmann Friedhelm Brömstrup, unser späterer Verkaufsleiter, oder Dipl.-Ing. Karl Wilhelm Wiendieck, derzeitiger Betriebsleiter des Stammwerkes in Gaste, haben eine solche Karriere hinter sich: vom Lehrling bis in die Geschäftsleitung. Diese und einige andere Mitarbeiter haben sich um den Erfolg der AMAZONEN-WERKE besonders verdient gemacht. Mit dieser Führungsmannschaft und einigen bewährten Facharbeitern lief der Betrieb langsam, aber sicher wieder an. Das Produktionsprogramm bestand aus den wichtigsten Produkten, die auch bis Ende des Krieges hergestellt wurden: Walzendüngerstreuer, Kartoffelsortiermaschinen und Handwagen, mit denen man gut ›kompensieren‹, d. h. Material für die Fertigung beschaffen konnte. Noch im Jahre 1945 konnten so immerhin 653 Düngerstreuer und 342 Kartoffelsortiermaschinen ausgeliefert werden.

Die Materialbeschaffung war in der Tat bis zur Währungsreform 1948 das größte Problem aller Fabriken. Willy Meyer, oft begleitet von Meister Oskar Dreyer (der machte den seriösesten Eindruck und hieß Dreyer, sodass die Lieferanten glaubten, er sei der Chef der Firma), besuchte die Stahlwerke mit einer Aktentasche, aus der eine Wurst oder ein Stück Speck herausschaute, um ein paar Stangen Eisen oder ein paar Tafeln Blech zu ergattern.

Die Versorgungslage der Bevölkerung war kurz nach dem Kriege ausgesprochen unzureichend. Lebensmittel gab es weiter auf Lebensmittelkarten und Kleidung auf Bezugsschein, der vom Bürgermeister nach Bedürftigkeit ausgestellt wurde. So musste auch der Betrieb häufig mit dafür sorgen, dass die Mitarbeiter genügend zu essen hatten, wollte er sicherstellen, dass sie anständig arbeiten konnten. Eines Tages stand auf dem Fabrikhof ein ganzer Anhänger voller Weißkohl für die Belegschaft, den man für eine Landmaschine eingetauscht hatte. Auch Haferflocken eigneten sich gut zum Tauschen, sie waren Kraftnahrung für die Mitarbeiter.

Derweil kümmerte sich Heinrich Dreyer um die Weiterentwicklung des Programms. Natürlich stand an erster Stelle nach wie vor der Kartoffelsammelroder. Heinrich Dreyer hatte aber auch Verstärkung angeheuert: Hartmut Neumann und Hans Splete, beide Diplomingenieure aus der Luftfahrt, und Ing. Kahdemann, der von der Firma SIEDERSLEBEN in Bernburg kam.

Die erste AMAZONE-Sämaschine

Kahdemann hatte das Patent des ›Elitesärades‹ für Drillmaschinen mitgebracht. Das Elitesärad ist eine Kombination aus einem normalen Nockenrad und einem Feinsärad, welches mit einem leichten Knopfdruck von dem Normalsärad getrennt werden kann und so ohne Umbau für alle Feinsaaten geeignet ist. Schon der Gründer des AMAZONENWERKES Heinrich Dreyer hatte mit dem Gedanken gespielt, Sämaschinen mit in sein Produktionsprogramm aufzunehmen. Dieses Patent bot nun eine gute Gelegenheit, in das Geschäft mit der Sätechnik einzusteigen.

Heutzutage ist die Sätechnik eines der AMAZONE-Hauptstandbeine. Das Prinzip des Elitesärades wird auch heute noch verwendet und ist von vielen Mitbewerbern ›nachempfunden‹ worden. Ursprünglich besaß das Nockenrad zwei Reihen eckiger Zähne, mit denen das Saatgut in die Saatleitungsröhre befördert wurde. Daneben lief das Feinsärad, welches bei Stoppelrüben, Gras und Klee zum Einsatz kam und die kleinen Saatkörner in kleinen Mengen ausbrachte, derweil das Normalsärad stillgelegt wurde. Das Prinzip ist bis heute das gleiche geblieben, allerdings hat man das Rad vergrößert und die Nocken sind umgestaltet worden, um die Dosierung zu präzisieren und Beschädigungen des Saatgutes zu vermeiden.

Elite-Särad

A = Feinsärad

B = Normalsärad

C = Kupplungsstift für Feinsaat

D = Stiftschraube

Die erste Sämaschine
AMAZONE ›D1‹, 1947

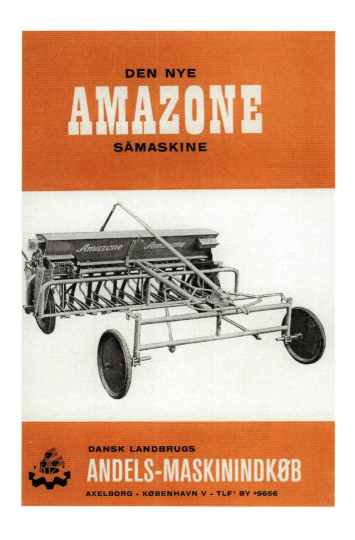

DEN NYE
AMAZONE
SÅMASKINE

DANSK LANDBRUGS
ANDELS-MASKININDKØB
AXELBORG · KØBENHAVN V · TLF· BY *9556

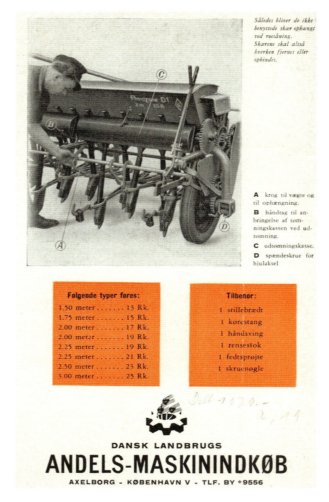

Således bliver de ikke
benyttede skær ophængt
ved roesåning.
Skærene skal altså
hverken fjernes eller
ophindes.

A krog til vægte og
til ophængning.
B håndtag til an-
bringelse af tøm-
ningskassen ved ud-
tømning.
C udtømningskasse.
D spændeskrue for
hjulaksel

Følgende typer føres:		Tilbenør:
1.50 meter . . . . 13 Rk.		1 stillebrædt
1.75 meter . . . . 15 Rk.		1 kørestang
2.00 meter . . . . 17 Rk.		1 håndsving
2.00 meter . . . . 19 Rk.		1 rensestok
2.25 meter . . . . 19 Rk.		1 fedtsprøjte
2.25 meter . . . . 21 Rk.		1 skruenøgle
2.50 meter . . . . 23 Rk.		
3.00 meter . . . . 25 Rk.		

DANSK LANDBRUGS
ANDELS-MASKININDKØB
AXELBORG · KØBENHAVN V · TLF. BY *9556

Oben:
Sämaschine
AMAZONE ›D1‹, 1947

Rechts:
Sämaschine
AMAZONE ›D2‹, 1952

Ganz rechts:
Weiterentwicklung
der Sämaschine
AMAZONE ›D3‹, 1954

D 503
6. 52

AMAZONE

die neue Drillmaschine

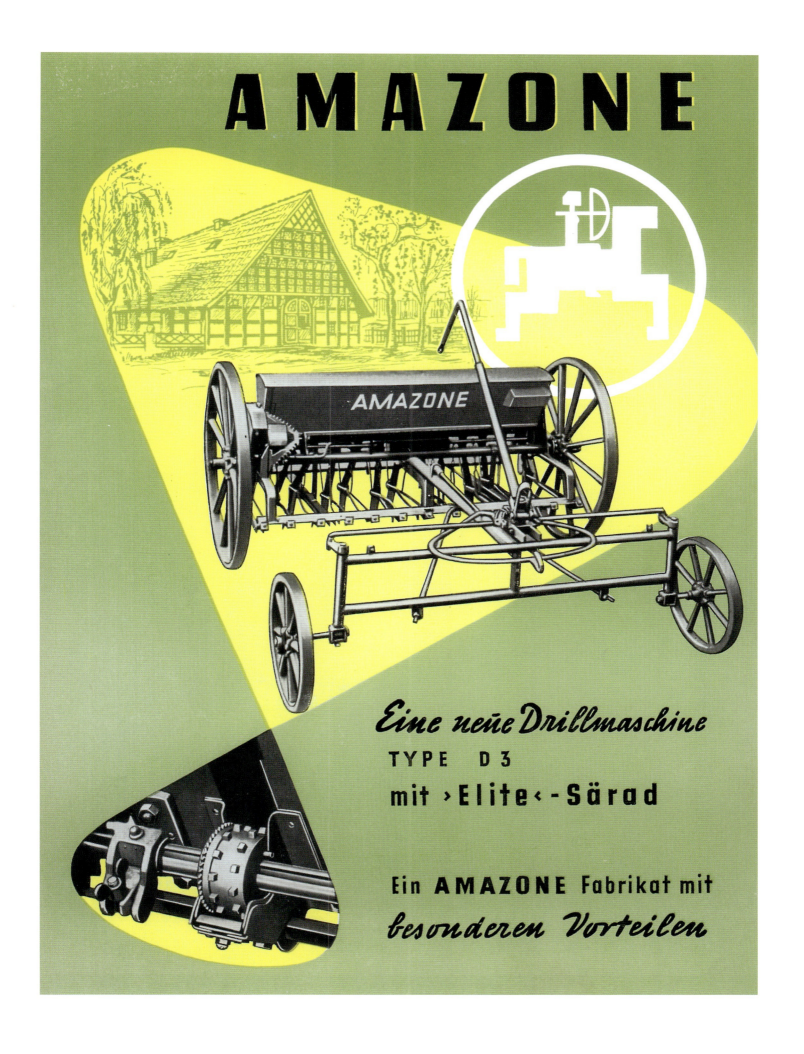

AMAZONE

Eine neue Drillmaschine
TYPE D 3
mit ›Elite‹-Särad

Ein **AMAZONE** Fabrikat mit
besonderen Vorteilen

Stalldungstreuer,
1949

AMAZONE-Stalldungstreuer

Weiteres Neuland wurde im darauf folgenden Jahr 1949 betreten, als Heinrich Dreyer mit der Entwicklung und Produktion des Stalldungstreuers begann. AMAZONE startete mit konventionellen Einachskippern mit Hydraulik- oder Zahnstangenkippung, an denen hinten ein Streuaggregat zum Verteilen von Stalldung angebaut werden konnte. Im Laufe der Zeit lehrte die Erfahrung allerdings, dass die wenigsten Bauern über Traktoren verfügten, die zum Stalldungstreuen stark genug waren. Daher entwickelte Heinrich Dreyer schon bald auch kleinere Streuer für Traktoren mit 15 bis 18 PS.

Anfang der 50er Jahre kam eine umstrittene Modeerscheinung in der Landwirtschaft auf den Markt: der Geräteträger. Er wurde von allen landtechnischen Wissenschaftlern freudig begrüßt und weiterempfohlen und alle Traktorenhersteller – zu jener Zeit gab es noch sehr viele – fühlten sich gezwungen, diesem Trend zu folgen: FENDT, LANZ, DEUTZ, GÜLDNER, RITSCHER,

RUHRSTAHL, SCHMOTZER und aus dem Ausland beispielsweise DAVID BROWN, um nur einige zu nennen. Alle diese Hersteller oder deren Händler erwarteten nun von AMAZONE, dass Anbaugeräte für die Geräteträger entwickelt würden, dabei hatten natürlich alle Traktoren unterschiedliche Anbaumaße und Prinzipien. Darüber hinaus sollte AMAZONE natürlich auch unterschiedliche Arbeitsbreiten anbieten. Das Ergebnis war eine Vielzahl von Maschinen, die auf dem Lager herumstanden, was natürlich entsprechend Geld kostete, ganz abgesehen vom Aufwand und von den Kosten, die allein mit dieser Entwicklung verbunden waren. Diese Erscheinung ging aber schnell vorüber, sodass um 1960 nur noch ein Geräteträger die Entwicklung überlebt hatte. Es handelt sich um den FENDT–Geräteträger, der sich bis heute gehalten hat.

Aufschwung nach der Währungsreform

Nach der Währungsreform 1948, als die Reichsmark durch die D-Mark ersetzt wurde, begann in Deutschland das, was man später ›Wirtschaftswunder‹ genannt hat. Dieser Aufschwung machte sich auch in der Landwirtschaft bemerkbar und brachte einen großen Mechanisierungsschub mit sich. Für AMAZONE bedeutete dies eine enorme Umsatzsteigerung. Bei Kartoffelsortierern stiegen die Stückzahlen in den Jahren von 1947 bis 1951 von 900 auf 5600 Stück pro Jahr, bei Düngerstreuern von 1000 auf 10500 (!). Sogar die Produktion der Urmaschine, der Getreidereinigungsmaschine, wurde wieder aufgenommen. Zwar war eine Reinigung des Getreides in den Dreschmaschinen installiert, jedoch war dieses vielen Bauern nicht gründlich genug, sodass sie – besonders für ihr Saatgut – eine zusätzliche *Windfege* anschafften.

Die rasante Umsatzsteigerung machte natürlich die Einstellung zusätzlicher Mitarbeiter erforderlich. Das war jedoch nur so lange möglich, bis Vollbeschäftigung in der Region erreicht war, was um 1951 im Osnabrücker Raum der Fall war. In der Umgebung von Osnabrück war es besonders schwierig, Arbeitskräfte zu bekommen, weil die großen Firmen wie KLÖCKNER, KARMANN oder die OSNABRÜCKER KUPFER- UND DRAHTWERKE alles einstellten, was zwei Arme hatte und bis drei zählen konnte.

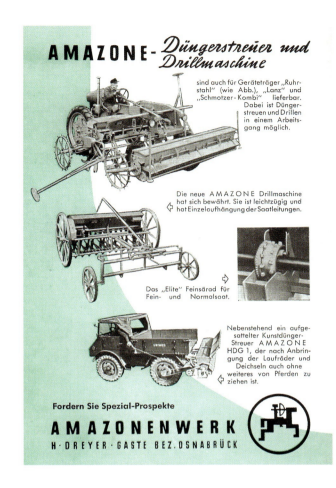

Prospekt Anbaumaschinen für Unimog und Geräteträger, 1956

Das erste Zweigwerk von AMAZONE

Daher machte sich Heinrich Dreyer Gedanken darüber, wie er trotz Vollbeschäftigung die steigende Nachfrage nach AMAZONE-Maschinen weiter decken konnte und kam zu der Lösung, ein Zweigwerk in einer Region zu errichten, in der noch Arbeitskräfte verfügbar waren. Eine solche Region war zu jener Zeit der Bremer Raum. In Delmenhorst-Hoykenkamp standen sogar ungenutzte Fertigungshallen der WESERFLUG-GESELLSCHAFT zur Verfügung, in der AMAZONE rasch mit einer Fertigung beginnen konnte. Diese lief bereits 1956 an und im ersten Jahr wurden dort schon 1000 Kartoffelsortierer, 250 Drillmaschinen und 115 Getreidereiniger hergestellt. Von nun an hieß die Firma AMAZONEN-WERKE.

Großbrand bei AMAZONE

1956 ereilte die AMAZONEN-WERKE in Gaste ein folgenschwerer Schicksalsschlag. Durch einen Großbrand wurden in einer Nacht die Farbgebung und große Teile der Lagerräume zerstört. Später haben Sachverständige herausgefunden, dass im Aufenthaltsraum der ›Malerei‹ der Papierkorb zu brennen angefangen hat, wohl durch eine achtlos fortgeworfene Zigarettenkippe. Nebenan befand sich das Farbenlager und so erhielt das Feuer riesige Mengen Nahrung. Der diensthabende Nachtwächter hatte den Brand nicht bemerkt, aber eine Nachbarin, die in der Nacht aufgestanden war, sah Flammen aus dem zweistöckigen Gebäudekomplex schlagen. Zu diesem Zeitpunkt war allerdings nicht mehr viel zu retten. Alle Feuerwehren der gesamten Region kamen herbeigeeilt und schafften es immerhin, den Brand an den Brandmauern aufzuhalten und damit die Nachbargebäude zu retten.

In den Hallen waren auch Gas- und Sauerstoffflaschen gelagert, die durch das Feuer explodierten, daher mussten die Feuerwehrmänner durch das Dach in die brennenden Gebäude eindringen, um das Feuer direkt bekämpfen zu können. AMAZONE ist diesen Männern zu großem Dank verpflichtet, da sie noch größere Schäden verhindert haben. Mein Vetter Heinz Dreyer, der zu der Zeit zufällig in Gaste war, hat persönlich bei den Löscharbeiten mitgeholfen und den Feuerwehrleuten gezeigt, wo wichtige Stellen waren, während sein Vater, der Chef der Firma, verreist war und so von den Aufregungen verschont blieb.

Der Schaden war riesengroß und die Fertigung musste natürlich unterbrochen werden, aber die flexiblen Mitarbeiter haben schon am Tag nach dem Brand damit begonnen, provisorische Spritzkabinen im Garten hinter der abgebrannten ›Malerei‹ aufzubauen. So konnte die Farbgebung schon bald wieder arbeiten und damit die in Auftrag befindlichen Maschinen weiter ausgeliefert werden. Allerdings dauerte es Monate, bis der ausgebrannte Gebäudekomplex ausgeräumt war. Die Reste der in den doppelstöckigen Hallen eingelagerten Maschinen wurden auf einem abseitigen Grundstück zur Begutachtung gelagert, ein unvorstellbar großer Schrottplatz. Ein Sachverständiger hat später festgestellt, dass der Gesamtschaden über eine Million D-Mark betrug. Ein Jahr später wurde auf dem Brandgrundstück eine neue, moderne Farbgebung gebaut, die noch heute, wenn auch inzwischen zur Montagehalle umgewidmet, genutzt wird.

Großbrand, 1956

vei Fabrikhallen im „Amazonenwerk" durch Großfeuer zerstört

Schaden: Über 500 000 DM

Brand wurde erst bemerkt, als die Flammen aus den Dächern schlugen – Die Produktion geht uneingeschränkt weiter

Das Großfeuer, das in der Nacht zum Mittwoch das Amazonenwerk H. Dreyer in Gaste heimsuchte, hat zwei Werkshallen in der Gesamtgröße von etwa 50 x 45 m erfaßt. Ihm sind nicht nur die Einrichtungen der beiden Hallen, sondern auch die dort - saisonbedingt - in großer Menge gelagerte Fertigware zum Opfer gefallen. Man muß nach den ersten Schätzungen den Schaden auf mindestens 500 000 bis 600 000 DM beziffern. Es kann aber durchaus sein, daß er noch höher ist.

Das Feuer wurde um 3 Uhr von einer Frau in einem 600 bis 800 m entfernten Wohnhaus bemerkt, als sie ihre Küche betrat, um etwas für den erkrankten Ehemann herzurichten. Da schlugen die Flammen schon aus den Dächern. Die Frau schickte ihren 15jährigen Sohn zum „Amazonenwerk" hinüber, wo dann der Alarm gegeben wurde. In schneller Reihenfolge waren bald Wehren aus Hasbergen, Osnabrück, Gmhütte, Hagen, Holzhausen, Ösede und Lotte versammelt, um dem verheerenden Element Einhalt zu tun. Trotz der Riesenmengen von Wasser, die sie bei der Bekämpfung verbrauchten, reichte der Löschteich bis morgens gegen 7 Uhr aus. Um diese Zeit war aber auch der Brand niedergekämpft. Die beiden Werkshallen waren, da das Feuer verhältnismäßig spät bemerkt wurde, natürlich nicht mehr zu retten. Die Umfassungsmauern blieben jedoch so erhalten, daß sie größtenteils wiederverwendet werden können.

Die Hauptarbeit der Feuerwehrmänner, die unter schwierigen Verhältnissen besonders von den Dächern der benachbarten Hallen aus den Kampf führten, mußte sich darauf erstrecken, die übrigen Teile des Großwerks zu sichern. Das ist ihnen auch restlos gelungen. Die Produktion kann also weitergehen, besonders dann, wenn in wenigen Tagen die verhältnismäßig wenig betroffene Spritzkabine provisorisch überdacht ist.

In den Werkshallen, die zerstört wurden, befanden sich in den Erdgeschossen die Malerei und die Versuchsabteilung, während darüber Fertigware dicht an dicht gelagert war. Sie werden durch einen Zwischenraum getrennt, der überdacht war. Nach den bisherigen Feststellungen dürfte der Brand von der „Malerei" oder dem Zwischenraum her, in dem sich ein Farbenlager und ein Aufenthaltsraum befanden, auf die „Versuchsabteilung" übergegriffen haben.

*

Das Amazonenwerk ist mit seiner Produktion an Landmaschinen (vor allem Dung- und Düngerstreuer, Kartoffelroder, Getreide- und Kartoffelsortiermaschinen, Universalkipper, Fördereinrichtungen für die Landwirtschaft) in der Bundesrepublik und im Ausland bis Norwegen und bis Griechenland und zur Türkei bekannt Sogar nach Übersee wird geliefert. Erst am Tage vor dem Brand hatte man den 150 000. Düngerstreuer fertigstellen können, deren tägliche Produktion sich auf etwa 60 Stück beläuft. Die Belegschaft beträgt z. Z. 350 bis 360 Köpfe und zählt viele Jubilare, die schon 25 und 40 Jahre dem Betrieb angehören, der 1883 von dem 1939 verstorbenen Seniorchef Heinrich Dreyer gegründet wurde. Schon bei Beginn des zweiten Weltkrieges nahmen die Werkshallen eine Fläche von 16 000 Quadratmeter ein.

Blick in die zerstörte „Malerei"   Foto: NT - Löckmann

Neue Halle, Malerei

Aufschwung bei den neuen Produkten

Die Bemühungen von Heinrich Dreyer, das AMAZONE-Programm zu komplettieren, trugen erste Früchte. Sowohl der Stalldungstreuer als auch die Drillmaschine, aber auch der Kartoffelsammelroder erreichten in der Landwirtschaft Anerkennung und damit Verkaufserfolge. Schon im Jahre 1952 wurden über 300 Drillmaschinen verkauft und 1955 konnte man für den AMAZONE-Stalldungstreuer eine Verkaufszahl von über 500 Stück verzeichnen.

Um das Stammwerk zu entlasten, wurde die Fertigung der Sämaschinen, Getreidereiniger und Stalldungstreuer ganz im Werk Delmenhorst eingerichtet, während Heinrich Dreyer sich verstärkt auf die Kartoffelernte konzentrierte, die im Stammwerk betreut wurde. Der Sammelroder erreichte im Jahre 1957 seinen Höhepunkt mit dem berühmten S56, mit dem AMAZONE die Marktführung errang.

Dieser erfolgreiche Roder entstand – wie der Name vermuten lässt – im Jahre 1956. Bereits 1957 wurden hiervon über 500 Stück produziert und sie waren so begehrt, dass sie viele Monate im Voraus bestellt und sogar bezahlt wurden.

Die Technik war verfeinert worden. Die Siebtrommel war in einem Rahmen angeordnet und drehte sich quer zur Fahrtrichtung. Den Transport der Kartoffeln hatte ein Förderband mit Schütteleinrichtung übernommen, vor dem zwei Schare die Kartoffeln und die Erde aufnahmen. Bis zu vier Bedienungsleute konnten Kluten, Steine und Krautreste aussortieren. Danach fielen die Kartoffeln in einen Bunker, der am Feldrand auf einem Wagen entleert wurde.

Sammelroder ›S56R‹

Zweigwerk Hude,
1. Bauabschnitt 1957

Das Zweigwerk zieht um

1956 wurde der Pachtvertrag des Zweigwerkes in Delmenhorst-Hoykenkamp gekündigt und Heinrich Dreyer musste sich nach einer Alternative umschauen. Um die inzwischen für die Fertigung qualifizierten Mitarbeiter weiter im Unternehmen halten zu können, suchte er einen Platz in der Umgebung. Er fand diesen Ort in Hude bei Oldenburg, wo am Ortsrand ein großzügiges Grundstück mit Bahnanschluss zur Verfügung stand. Dort baute Heinrich Dreyer das neue Zweigwerk. Gemeindedirektor Berentz von der Gemeinde Hude kam ihm dabei sehr zu Hilfe und hat mit seiner tatkräftigen Unterstützung den Entschluss deutlich vorwärts getrieben. Ihm verdankt die Gemeinde Hude, dass dieses, mit heutzutage auf etwa 450 Arbeitsplätze angewachsene Unternehmen – das größte in der Region – angesiedelt werden konnte.

Heinrich Dreyers Tod – Eintritt der dritten Generation in das Unternehmen

1957 war gleichzeitig ein Schicksalsjahr für die AMAZONEN-WERKE. Am 28. November verstarb plötzlich und unerwartet Heinrich Dreyer im Alter von 57 Jahren. Sein Tod stellte das Unternehmen und seine Nachfolger vor riesige Probleme. Dipl.-Ing. Heinrich Dreyer, der Sohn des Gründers der AMAZONEN-WERKE, hatte sein ganzes Leben der Entwicklung fortschrittlicher Landtechnik gewidmet. Er hat den AMAZONE-Walzenstreuer zur Perfektion weiter entwickelt, den Stalldungstreuer *Amazone* erfunden und natürlich große Pionierleistungen bei der Entwicklung der AMAZONE-Sammelroder vollbracht. Außerdem war unter seiner Anleitung die erste AMAZONE-Drillmaschine entstanden. Er besaß unzählige Patente und hat sich um die Modernisierung der europäischen Landwirtschaft sehr verdient gemacht.

**Heinrich Dreyer
mit Frau Liselotte**

Er hat – anfangs alleine, dann mit einer guten Mannschaft von Ingenieuren, Versuchsschlossern und Monteuren – dafür gesorgt, dass AMAZONE ein gutes Programm anbieten konnte und damit für den Handel und die Landwirtschaft ein interessanter Partner blieb. Sein Sohn und sein Neffe, die für seine Nachfolge vorgesehen waren, waren erst 23 bzw. 25 Jahre alt und befanden sich noch in der Ausbildung. Es handelte

Die Jubilare mit den Vertretern
der dritten Generation der Dreyers:
Dipl.-Ing. Univ. Heinz Dreyer und
Klaus Dreyer in der oberen Reihe
und ihre beiden Mütter
Frau Liselotte und Erna Dreyer
in der unteren Reihe, 1958

sich um Dipl.-Ing. Univ. Heinz Dreyer, der an der Technischen Universität München bereits sein Diplom abgelegt hatte und gerade an seiner Promotion arbeitete, die er fünf Jahre später (1963) nach dem Studium der Agrarpolitik und landwirtschaftlichen Betriebslehre an der Justus-Liebig-Universität Gießen vollenden konnte. Der zweite im Bunde war ich, Ing. Klaus Dreyer, der Verfasser dieser Chronik. Ich war im Anschluss an mein Studium an der Fach-hochschule Köln dabei, eine kaufmännische Lehre bei der Maschinenfabrik Cramer in Leer zu absolvieren. Da ich keinen großen Wert auf akademische Titel legte, wollte ich meine prak-tische Ausbildung vervollkommnen. Unsere Mütter beschlossen, dass wir die Ausbildungen sofort unterbrechen sollten und beriefen uns in die AMAZONEN-WERKE. Wir begannen beide am 2. Januar 1958 mit der Arbeit. Das Jahr 1958 war auch das Jahr des 75-jährigen Bestehens der AMAZONEN-WERKE. Es wurde allerdings beschlossen, die Jubiläumsfestlichkeiten in Anbe-tracht des Todes von Heinrich Dreyer in kleinstem Rahmen zu halten. Daher fand am 2. Mai nur ein Empfang für die wichtigsten Kunden und Lieferanten im Gästehaus statt.

Bei gründlicher Überprüfung der Lage stellte sich für uns Jungunternehmer heraus, dass zwar in den Jahren zuvor beachtliche Entwicklungserfolge erzielt wurden, jedoch die Ferti-gung, die kaufmännische Organisation und die finanzielle Situation vernachlässigt worden waren.

Die Fertigung, die in den Händen der lang gedienten Meister lag, war seit dem Boom vor dem Zweiten Weltkrieg, also seit etwa 1936, kaum modernisiert worden. Außerdem war der AMAZONE-Düngerstreuer, der wichtigste Gewinn- und Imageträger der Firma, inzwischen stark von Konkurrenz bedroht und hatte sehr an Marktanteil verloren. Die Hauptursache dafür war, dass inzwischen die Schleuderstreuer auf den Markt gekommen waren, die aufgrund ihrer bes-seren Leistungen bereits einen großen Marktanteil gewonnen hatten.

Verkauft wurden einerseits einfache Einscheibenstreuer, die zwar schon weit vor dem Zweiten Weltkrieg angeboten wurden, jedoch bis dahin keine Rolle gespielt hatten. An neuer Entwicklung kam dann aus Holland der Pendelstreuer, der mit einem schnell hin- und her-

gehenden Pendelrohr den Dünger auf einer Breite von etwa zehn Metern auf dem Acker verteilt. Von diesem sind allein in Deutschland im Jahre 1958 etwa 5000 Stück verkauft worden.

Der Umsatz der AMAZONEN-WERKE lag zu jener Zeit, also Ende der fünfziger Jahre, knapp unter zehn Millionen D-Mark, die Zahl der Mitarbeiter bei etwa 350. Es gab also für uns Dreyers der dritten Generation viel zu tun. Die ›Banker‹ setzten uns zusätzlich unter Druck, da die Schulden des Unternehmens ziemlich hoch waren und das Vertrauen zu uns, den jungen neuen Chefs, noch fehlte.

Dieser Druck der Banken, zusätzliche Sicherheiten zur Verfügung zu stellen, hat uns zu den Grundprinzipien unseres Großvaters, des Firmengründers, zurückgeführt: Man sollte möglichst keine Schulden bei den Banken haben, um das Risiko und damit die Abhängigkeit von den Banken zu minimieren. So war unser Hauptbestreben nach der Übernahme der Verantwortung, die Schulden abzubauen. Innerhalb weniger Jahre gelang uns das auch und bis heute sind wir diesem Grundsatz gefolgt.

Walzenstreuermontage der Leicht-Typen ›L200‹ und ›LZ200‹ in der so genannten ›Kochhalle‹. Hier hatte während des Krieges die Firma KOCH aus Osnabrück ihre Anker gewickelt.

Zweischeibenstreuer ›ZA‹: die Erfolgsmaschine

Die Geburtsstunde des Zweischeiben-Düngerstreuers

Wie war es möglich, die Situation der AMAZONEN-WERKE innerhalb weniger Jahre so grundlegend zu verbessern? Nach dem Eintritt in die Firma haben wir beide kräftig in die Hände gespuckt und uns mit dem sprichwörtlichen jugendlichen Elan an die Arbeit gemacht.

Uns war klar, dass auch AMAZONE einen Schleuderstreuer brauchte. Schon kurz nach seinem Eintritt in die Firma und nach den ersten Experimenten hatte mein Vetter Heinz Dreyer die grandiose Idee, dass ein Schleuderstreuer besser mit zwei Streuscheiben als mit einer Scheibe arbeiten würde. So entwickelte er den ersten Anbaudüngerstreuer der Welt mit zwei Scheiben. Dieses Prinzip wurde später auch von vielen anderen Herstellern übernommen und hat sich heutzutage weltweit durchgesetzt.

Mein Vetter nannte den Streuer AMAZONE ZA (Zentrifugalstreuer-Anbaumaschine) und dieser wurde sofort ein Riesenerfolg. Schon im Jahre 1959, also ein Jahr nach seiner Entwicklung, konnten etwa 1500 solcher Maschinen geliefert werden, ein weiteres Jahr später etwa 5000 Streuer. Er wurde also ein echter Verkaufsschlager! Nebenbei lieferte AMAZONE noch über 10 000 der bewährten Walzenstreuer pro Jahr und

Zentrifugalstreuer
AMAZONE ZA
mit zwei Streuscheiben, die sich gegenseitig ausgleichen!

AMAZONE

**Die 1000ste
AMAZONE ›ZA‹, 1959**

errang so mit diesen beiden Typen einen Marktanteil in Deutschland, der zeitweise über 75 Prozent hinausging. Ich kümmerte mich zur gleichen Zeit um die Rationalisierung der Fertigung und um den Aufbau einer leistungsfähigen Werkzeugmacherei. Schnell wurden Gabelstapler angeschafft, entsprechende Stapelkisten entwickelt und im Werk gefertigt, sodass der innerbetriebliche Transport mit Handwagen und alten Farbeimern eingestellt werden konnte. So war es kein Wunder, dass sich die Geschäfte und auch die Kalkulationen erfreulich entwickelten und dass die Schulden bei den Banken rapide abgebaut werden konnten.

Der absolute Höhepunkt der AMAZONE-Düngerstreuer wurde im Jahre 1964 erreicht. In diesem Jahr konnten fast 40 000 Streuer, über 10 000 Walzenstreuer und etwa 30 000 Zweischeibenstreuer verkauft werden. Anschließend machte sich allerdings der Strukturwandel in der Landwirtschaft bemerkbar. Die Anzahl der landwirtschaftlichen Betriebe ging zurück und damit auch die Anzahl der verkauften Maschinen. Allerdings wurden die übrig gebliebenen Betriebe und die Maschinen, die in diesen Betrieben eingesetzt wurden, größer. Auch die Ansprüche der Bauern an die technische Ausstattung der Maschinen stiegen. AMAZONE hat mit dieser Entwicklung Schritt gehalten und damit die einst erlangte Führungsposition bis heute halten können.

DLG-Ausstellung in Köln, 1960

Zentrifugalstreuer **AMAZONE ZA**

Kranhalle mit modernem Stangen- und Rohrlager, 1960

Modernisierung ist Trumpf!

Die enormen Umsatzsteigerungen konnten natürlich nicht in den vorhandenen, größtenteils veralteten Fertigungsgebäuden bewältigt werden. So wurde schon ab 1960 damit begonnen, veraltete Anlagen abzureißen und dafür neue, helle und moderne Montagehallen und ein neues Eisenlager mit Krananlage zu errichten. Bis zu diesem Zeitpunkt war alles Material noch ›von Hand‹ (!) bewegt worden. Wenn eine Lieferung von Stangenmaterial im Werk eintraf, mussten Mitarbeiter aus der Fertigung ihre Arbeit unterbrechen und das Material, Stange für Stange, mit der Hand ins Eisenlager ziehen, wo es in entsprechenden Fächern auf dem Boden abgelegt wurde. 1961 lief die Fertigung unserer Getreidereinigungsmaschinen aus: Sie wurden nicht mehr verlangt, da inzwischen die Reinigung des Getreides schon beim Dreschen im Mähdrescher gut genug vorgenommen wurde. Der Ausstieg fiel uns leicht, da wir mit dem übrigen Programm voll ausgelastet waren und sich im Hause auch keiner mehr so richtig mit der Technik auskannte. Dennoch gab es einen Wermutstropfen: Schließlich hatte unser Großvater mit dieser Maschine begonnen und den guten Ruf der Firma und den Begriff ›Amazone‹ mit ihr begründet. 1962 wurde die letzte Maschine des Typs AMAZONE *GPS* verkauft.

AMAZONE ›D4‹

...Eine ganz besondere Drillmaschine

weil sie durch ihre Bauweise und durch ihre vielen Vorteile die Neuanschaffung rechtfertigt.

Mit welcher Maschine werden Höchstleistungen erreicht - Arbeitsbreite und Arbeitsgeschwindigkeit?

Welche Maschine läßt sich möglichst einfach pflegen, anbauen, einstellen und handhaben?

Kann wirklich ein Mann allein eine Drillmaschine anbauen und so einsetzen, daß die geleistete Arbeit vor sehr kritischen Augen bestehen wird?

Welche Maschine arbeitet wirklich s t ö r u n g s f r e i auch unter schwierigen Verhältnissen und bei weniger sachkundigem Personal?

... Das alles sind sehr wichtige Punkte, die Sie bei der Anschaffung einer neuen Drillmaschine in Betracht ziehen müssen. Darum schauen Sie sich genau an, auf welch elegante Weise „Amazone" diese Probleme gelöst hat.

Bitte wenden!

① *Serienmäßig:* Anbaubock für Einmann-Schnellmontage

② *Serienmäßig:* Kombiniertes Normal- und Feinsärad

③ *Serienmäßig:* Federdruckschare mit Scharabstützung und Zustreicher

④ *Serienmäßig:* Modernes 72stufiges Nortongetriebe

⑤ *Serienmäßig:* Großer Säkasteninhalt (320 l) mit bequemer Einfüllmöglichkeit

Erfolgssämaschine AMAZONE ›D4‹

In Frankreich wurde AMAZONE seit 1948 von der Firma L. BARA vertreten, die in den 60er Jahren viele Tausend Zentrifugalstreuer AMAZONE *ZA* verkaufte. Eines Tages kam Herr Dezort, der Firmeninhaber, zu uns und machte uns das Angebot, auch unsere Sämaschinen in Frankreich zu verkaufen, wenn wir ihm eine moderne, den französischen Ansprüchen genügende Maschine entwickelten. Diese Anregung griff Heinz Dreyer auf und entwickelte 1963 innerhalb kürzester Zeit seine zweite Erfolgsmaschine, die berühmte Sämaschine AMAZONE *D4*. Sie war eine moderne Traktor-Anbaumaschine mit großem Behälter und großen, stabilen Scharen, mit denen man schneller fahren konnte als zuvor. Diese Schare waren mit verstellbaren Druckfedern ausgestattet, damit sie bei flotter Fahrt nicht aus dem Boden springen konnten. Außerdem besaß die AMAZONE *D4* einen besonders stabilen Faltdeckel, der nach hinten geklappt wurde und auf dem man die Getreidesäcke ablegen konnte.

Konnten wir bis dahin jährlich etwa 700 Sämaschinen, hauptsächlich in Norddeutschland, verkaufen, änderte sich das mit der *D4* grundlegend. Die Maschine fand einen so großen Anklang, dass AMAZONE schon vier Jahre später etwa 4000 Maschinen dieser Art pro Jahr produzierte und damit mit Abstand die Marktführerschaft in Deutschland errang. Allerdings hat unser damaliger Hauptkonkurrent, die Firma ISARIA, uns sehr dabei geholfen, indem er sein Hauptaugenmerk auf Autos (Gogomobil) richtete und die Sämaschinen vernachlässigte.

Drillmaschine
AMAZONE ›D4‹,
1963

Sammelroder ›S 4‹

Der letzte AMAZONE-Sammelroder

1968 stellten die AMAZONEN-WERKE auch die Produktion der Kartoffel-sammelroder ein, eine Entscheidung die uns besonders schwer fiel, schließlich hatte Heinrich Dreyer seit 1942 einen Großteil seiner Kraft und Zeit auf die Entwicklung dieser Maschine verwendet und damit große Erfolge erzielt. Und auch sein Sohn Dr. Heinz Dreyer hatte sich der Weiterentwicklung dieser Maschine angenommen und sie engagiert vorangetrieben. Um uns die Entscheidung zu erleichtern, entschlossen wir uns, den Bau der Sammelroder befristet einzustellen. Diese Entscheidung wurde dann nach ein bis zwei Jahren stillschweigend in ›unbefristet‹ geändert. Damit konnten wir unsere Energien auf die Hauptumsatzträger, heute würde man sagen auf die ›Kernkompetenzen‹, konzentrieren.

Inzwischen wurde auch der Vertrieb im Inland und Ausland ausgebaut: In den Ländern, in denen AMAZONE noch nicht vertreten war (Dänemark, Schweden, Norwegen, Italien und andere), wurden weitere starke Vertretungen eingerichtet, in Deutschland wurden zehn Verkaufsgebiete mit eigenen Auslieferungslägern geschaffen und die freien Werksvertreter wurden nach und nach durch Werksreisende ersetzt.

Die Werksvertreter sind freie Vertreter, die von jeder verkauften Maschine eine Provision erhalten und neben AMAZONE auch noch andere Firmen repräsentieren (z.B. EBERHARD und CRAMER). Die Werksreisenden sind unsere Angestellten und können sich ganz auf den Verkauf des AMAZONE-Programms konzentrieren.

Ausführung A mit
Absackplattform
und serienmäßig
eingebauter
Sortiervorrichtung

DIE BESONDEREN VORTEILE

DES SAMMELRODERS AMAZONE S 4

›RE-D4‹-Kombination

Die erste moderne Säkombination der Welt

Mit dem steigenden Umsatz wurden auch die Fertigungskapazitäten in unserem Zweigwerk sukzessive erweitert, d.h. etwa alle zwei Jahre wurde in Hude eine zusätzliche Fertigungshalle gebaut. Die Leitung dieses Werkes hatte inzwischen Herr Dr. Ing. Große Scharmann übernommen, der ursprünglich von einem Bauernhof im Münsterland stammte und die Ansprüche der Landwirtschaft mit seinem Ingenieurverständnis in idealer Weise kombinierte. So erkannte er bereits 1967, dass der Traktor mit der Sämaschine alleine nicht ausgelastet war, und kombinierte so als erster den Sävorgang mit der Saatbettbereitung (Eggen des gepflügten Bodens) und der Rückverfestigung, damit das Saatgut auch bei Trockenheit genügend Feuchtigkeit vom Grundwasser erhält.

Das Ergebnis war eine extrem kurz gehaltene zapfwellengetriebene Rüttelegge und eine nachfolgende Zahnpackerwalze, die Dr. Ing. Große Scharmann vor der Sämaschine anbrachte. Auch diese Rüttelegge wurde nach anfänglichen technischen Schwierigkeiten zu einem zusätzlichen Verkaufsschlager. Nur wenige Jahre nach ihrer Entwicklung konnten davon über 2000 Stück pro Jahr alleine nach Frankreich verkauft werden. Diese technische Lösung fand schnell Eingang in der Landwirtschaft und ist heute zur Selbstverständlichkeit bei allen modernen Bauern geworden.

Damit war AMAZONE in ein neues Betätigungsfeld getreten – die Bodenbearbeitung. Diese gehört heute zu den vier Kernkompetenzen: Düngerstreuer, Sätechnik, Bodenbearbeitung und Pflanzenschutz.

Spritze AMAZONE ›S 400‹
mit einem Kunststofftank aus
eigener Fertigung – der Einstieg
in eine neue Branche, 1970

Programmerweiterung:
Die AMAZONE-Pflanzenschutzspritze

Auch das Jahr 1970 war für AMAZONE ein bedeutendes Jahr. Aus Frankreich kam die Kunde, dass die Bedeutung der Flüssigdünger rapide zunähme. Wenn sich diese Entwicklung fortsetzte, mussten wir mit einem rapiden Rückgang der Zentrifugalstreuer rechnen. Diese massiv vorgebrachte ›Drohung‹ brachte uns zu dem Entschluss, eine Spritze auf den Markt zu bringen, die auch für Flüssigdünger geeignet war. Damit drangen wir in eine neue Branche ein und mussten feststellen, dass der Markt nicht auf uns gewartet hatte, sondern bereits in festen Händen war. Mit der Geduld, die bei AMAZONE seit Generationen üblich war, machten wir langsam, aber sicher Fortschritte. Uns war klar, dass es nicht möglich wäre, mit besonders günstigen Preisen und/oder Konditionen Fuß zu fassen.

Es gab nur eine Möglichkeit, den Markt zu erobern, und das waren technische Vorteile. Nachdem wir erkannt hatten, dass die Probleme unserer Konkurrenten bei den Gestängen lagen, hat der im Stammwerk dafür zuständige Konstrukteur, Dipl.-Ing. Oberheide, ein Gestänge in ›Flugzeugbauweise‹ entwickelt, welches leichter, stabiler und schmaler war als alles, was bislang auf dem Markt war. Mit diesem Gestänge und vielen anderen praktischen Details gelang es mit der Zeit, uns einen sehr guten Ruf und einen guten Marktanteil zu erwerben, obwohl die Spritzen sich im oberen Preissegment bewegten.

Inzwischen hat AMAZONE sich auch auf diesem Sektor die Marktführerschaft in Deutschland erworben und die Spritzen werden in zahlreiche Länder bis nach Australien und Neuseeland exportiert.

Das zweite Zweigwerk

Im Jahre 1970 entschlossen sich die AMAZONEN-WERKE, eine Fertigungsstätte in Frankreich zu schaffen. Frankreich war und ist auch heute noch mit großem Abstand das bedeutendste Abnehmerland für AMAZONE, außerdem sind die Fertigungskosten um etwa ein Drittel niedriger als in Deutschland. Darüber hinaus ist es in Frankreich von Vorteil, wenn man darauf hinweisen kann, dass man auch im Land selbst produziert. Aus diesem Grunde wurde in Forbach eine Fabrik angekauft, dessen Besitzer, ein Bauunternehmer namens Celentano, sich in finanziellen Schwierigkeiten befand. Die Fabrik liegt mitten in Forbach, direkt an der deutsch-französischen Grenze, nahe Saarbrücken. Sie hatte sogar zwei Bahnanschlüsse. Der Kaufpreis war zwar sehr günstig, der Betrieb war allerdings in einem beklagenswerten Zustand. Wir mussten demzufolge einen enormen Aufwand treiben, um den Betrieb, die Verwaltung, die Arbeitsplätze und die sozialen Einrichtungen in einen anständigen Zustand zu bringen.

Zweigwerk Forbach, 1970

In der Firma waren bis zu diesem Zeitpunkt hauptsächlich Anlagen für die benachbarten Kohlengruben gefertigt worden. Das wurde auch noch eine Weile fortgesetzt, bis das eigene AMAZONE-Programm den Betrieb auslasten konnte. Forbach wurde mit der Zeit die Brutstätte, in der sich das Kommunalgeräteprogramm von AMAZONE langsam, aber stetig entwickelte. Aus der konventionellen Rüttelegge wurde ein so genannter Hartplatzrüttler zur Sportplatzpflege entwickelt, darauf wurde ein Säkasten mit nachlaufender Gitterwalze gesetzt: So entstand die Grassaatkombination für Grünflächen.

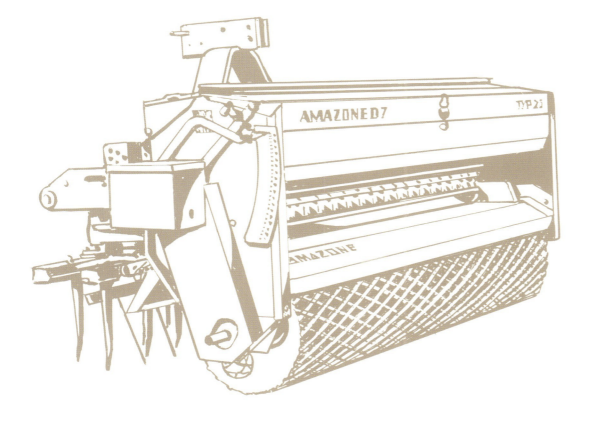

Gras-Breitsaatkombination und Hartplatzrüttler

›Grasshopper‹: das universelle
Grünflächen-Pflegegerät
zum Mähen, Vertikutieren
und Laubsammeln, 1986

Was ist ein AMAZONE ›Grasshopper‹?

Das wichtigste Produkt wurde jedoch der so genannte *Grasshopper*, eine Universal-Grasmähmaschine, die auch zum Vertikutieren und Laubsammeln sehr gut geeignet ist. Der *Grasshopper* arbeitet nach dem Feldhäckslerprinzip, d.h. mit einer horizontalen Mähwelle, an der die Mähwerkzeuge ›fliegend‹ aufgehängt sind. Vorbild für diese Entwicklung war eine amerikanische Konstruktion, die wir mit besonderer Unterstützung des damaligen Betriebsleiters, Dipl.-Ing. Wilfried Schomäker, noch wesentlich verbessern konnten und dafür sogar eigene Patente erhielten. Eine weitere Forbacher Spezialität wurde die Zahnpackerwalze für unsere Bodenbearbeitungsgeräte, deren automatisierte Fertigung von unserem Zweigwerk in Hude nach Forbach verlegt wurde. Diese waren lange Zeit Hauptumsatzträger, bis die *Grasshopper* ihnen den Rang abliefen. Inzwischen (1997) wurde zu dem gezogenen *Grasshopper* ein Selbstfahrer mit einem integrierten 25-PS-Motor entwickelt, den wir *Profihopper* nannten. Er führte sich hervorragend ein und befindet sich bereits über 500-fach im Einsatz. *Grasshopper* und *Profihopper* haben bei AMAZONE große Bedeutung erlangt, sodass in Forbach im Jahre 2002 schon über 120 Mitarbeiter beschäftigt werden konnten.

Die Größe des Geländes betrug ursprünglich etwa zwei Hektar, wobei die für die Fertigung genutzten Hallen etwa 8000 qm einnahmen. Im Jahre 1983 konnten wir das Nachbargrundstück mit einer modernen und zwei älteren Lagerhallen und mit einer Gesamtgröße von etwa 10 000 qm von der Spedition Mory zu einem günstigen Preis hinzukaufen. Damit haben wir für die Zukunft in Forbach genügend Möglichkeiten zur Ausdehnung und Erweiterung.

Seit 1998 ist Dipl.-Ing. Thomas Pfisterer Betriebsleiter in Forbach. Er hat sich in dieser Zeit um eine optimale Organisation der Fertigung, der Verwaltung und der Konstruktion schon verdient gemacht. Die Bedeutung der Kommunalgeräte bei AMAZONE nimmt ständig zu und entwickelt sich zu einem weiteren starken Standbein. So haben wir erst im Jahre 1999 eine neue Halle mit 1080 qm hinzugebaut, in der Zuschnitt und Materiallager untergebracht sind. Momentan wird in unserem Werk in Forbach eine moderne Farbgebung konzipiert.

›Profihopper‹, 1997

Stalldungstreuer ›K17‹

Der letzte Stalldungstreuer

Im Jahre 1971 wurde schließlich auch der Bau der Stalldungstreuer eingestellt. Die Konkurrenz war übermächtig geworden und es war abzusehen, dass diese Sparte über kurz oder lang der Rationalisierung zum Opfer fallen würde. Die Landwirtschaft stellte in zunehmendem Maße bei der Kuh- und Rinderhaltung auf Spaltenböden um, da die Handhabung des Stalldungs mit großem Aufwand verbunden war. Die Alternative war die Güllewirtschaft. Diese kam ohne Stalldungstreuer aus und machte weniger Arbeit und Kosten. Die Geschäfte mit Düngerstreuern, Pflanzenschutzspritzen und Sätechnik hatten inzwischen auch einen so großen Umfang angenommen, dass wir beschlossen, uns hier noch stärker zu engagieren. Damit stellten wir endgültig die Weichen, uns auf den Pflanzenbau zu konzentrieren. Dieses hat sich – bis heute – als eine glückliche Entscheidung erwiesen. Der Pflanzenbau nimmt in der Landwirtschaft eine dominierende Rolle ein und die Betriebe sind auf leistungsfähige Maschinen angewiesen, um die landwirtschaftlichen Produkte preisgünstig herstellen zu können.

Schüttgut-Lagerhallen von AMAZONE

Gleichzeitig begann bei AMAZONE eine neue Ära: Schüttgut-Lagerhallen. Der Trend zum Flüssigdünger resultierte aus der Tatsache, dass die Verwendung der gebräuchlichen Mineraldünger mit unangenehmer körperlicher Arbeit verbunden war. Die Bauern waren das ›Säckeschleppen‹ leid, den Flüssigdünger dagegen konnte man mit Pumpen bewältigen. Um hier eine Lösung zu Gunsten des Mineraldüngers zu schaffen, entwickelte AMAZONE spezielle Schüttgutläger, in denen der so genannte ›Losedünger‹ per Waggon oder Lkw angeliefert und

1 = Großraumannahme

2 = Waggonannahme

3 = Schrägförderband

4 = Elevator

5 = Verteilerband

6 = Querverteilerförderband

7 = Reinigung

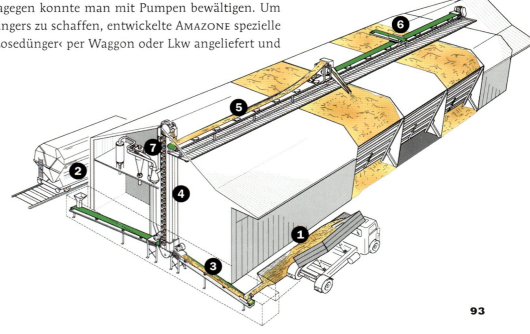

Förderband

Schüttgut-Lagerhalle, 1971

eingelagert wird. Diesen Dünger kann man mit Förderbändern transportieren und mit Schaufelladern direkt in den Düngerstreuer laden. Die lästige Handarbeit entfällt und man spart sogar noch die Kosten für die Düngersäcke. Diese Abteilung wurde bei AMAZONE im Zweigwerk Hude installiert und entwickelte sich im Laufe der Jahre sehr erfreulich. Bereits im Jahre 1971 konnte bei der Firma ALLGAIER die erste Flachlagerhalle errichtet werden und bis heute wurden – hauptsächlich in der Bundesrepublik – über 500 Lageranlagen gebaut. Hauptmerkmal der AMAZONE-Schüttgut-Lagerhallen ist, dass sie komplett aus nicht rostenden Materialien konzipiert sind. Wände und Boxenabgrenzungen sowie die gesamte Dachkonstruktion und alle Türen sind aus Holz, alle Förderanlagen wie Förderbänder und Elevatoren sind aus Nirostastahl, Kunststoff und Holz gebaut.

Diese Lageranlagen werden im Sommer – nach entsprechender Reinigung – auch für die Einlagerung von Getreide genutzt. Erst damit ist die Wirtschaftlichkeit der Anlagen gewährleistet. Die Abteilung ist unter der Leitung von Wolfgang Niekamp auch weiterhin sehr erfolgreich und trägt mit zu dem guten Ruf der AMAZONE-Erzeugnisse bei. AMAZONE erstellt die Pläne, die Statik und auch die gesamten Förderanlagen. Die fertig zugeschnittenen Holzteile werden von einem Qualitätssägewerk fertig angeliefert. Die komplette Montage wird dann von einem AMAZONE-Team an Ort und Stelle durchgeführt.

Neue Erfolgssämaschine AMAZONE ›D7‹

Auch die Entwicklung der Sämaschinen war bei AMAZONE mit der D4 nicht abgeschlossen. Nach ein paar Intermezzi und einer starken allgemeinen Flaute auf dem Landmaschinensektor brachte AMAZONE den neuen Schlager AMAZONE D7 auf den Markt. Sie zeichnete sich nicht nur durch ein gekonntes Design aus, sondern bot auch einige technische Besonderheiten. Die Federung der Schare wurde von Zugfedern übernommen. Diese waren so angeordnet, dass der Federzug in jeder Stellung gleich stark war. Damit wurde endlich eine gleichmäßige Tiefenablage des Saatgutes erreicht. Auch sonst bot die D7 viele technische Vorteile, wie ein stufenloses Getriebe, das mit nur einem Hebel betätigt wird. Die Vorteile wurden von der Kundschaft schnell akzeptiert. Diese fortschrittliche Sämaschine konnte die Erfolge der D4 sogar noch übertreffen. Bereits 1973 wurden von der D7 über 6000 Stück verkauft.

Sämaschine ›D7‹, 1972

AMAZONE-Museum

In einem traditionsreichen Unternehmen wie den AMAZONEN-WERKEN darf natürlich ein Werksmuseum nicht fehlen. Dieses wurde etwa 1972 in dem ehemaligen Wohnhaus des Gründers, das sich auf dem Werksgelände befindet, eingerichtet. Das Haus ist ein landwirtschaftliches Gebäude mit entsprechenden Stallungen und Speicherräumen. Es wurde 1900 gebaut und ist bis etwa 1960 auch noch landwirtschaftlich genutzt worden – mit Schweinen und Hühnern, ja sogar mit Kühen. Früher waren dort auch die Pferde, die alle Maschinen nach Hasbergen zur Bahn brachten, untergebracht.

In diesem Museum haben sich inzwischen viele interessante Stücke angesammelt, wie beispielsweise eine etwa 300 Jahre alte Wannemühle, die von den Vorfahren des Gründers komplett aus massivem Eichenholz gebaut worden ist. Außerdem findet man dort einen alten Walzen-Düngerstreuer von etwa 1920 und die erste AMAZONE-Sämaschine. Natürlich darf auch ein AMAZONE ZA aus der ersten Serie nicht fehlen. Zudem sind dort weitere Meilensteine der Landtechnik aufgestellt, die nicht nur bei AMAZONE entstanden sind. Das Museum ist nach Anmeldung für jedermann zugänglich, ein Besuch lohnt sich in jedem Fall.

Werksmuseum:

Diele und Boden

Nicht Abriss, sondern Restaurierung

Im Jahre 1974 wurde die größte Fertigungshalle bei AMAZONE im Stammwerk Gaste restauriert. Gebaut im Jahre 1906 mit einer freitragenden Holzbinderkonstruktion, drohte sie einzustürzen, weil sich die Holzbinder dramatisch verzogen hatten. Alle maßgeblichen Leute waren der Meinung, dass ein Abriss der Halle erfolgen müsste, jedoch hätte dieses bedeutet, dass die Fertigung in eine vorher zu bauende neue Halle hätte umziehen müssen. Da hatte ich jedoch die Idee, die Halle bei laufender Produktion zu sanieren und damit zu erhalten. Dazu mussten zwar innerhalb der Halle an den Außenwänden zusätzliche Stützen aufgestellt werden; dieses war jedoch ohne weiteres möglich, ohne die Fertigung in der Halle zu beeinträchtigen. Auf diese Stützen wurden moderne geleimte Holzbinder neben die alten verzogenen Binder gestellt und mit entsprechenden Zugbändern so gespannt, dass sie das Dach der Halle tragen konnten, anschließend wurden die alten Binder mit der Kettensäge herausgeschnitten. Diese Prozedur erfolgte Binder für Binder, sodass der normale Ablauf der Montage in der Halle weitgehend ungestört blieb.

Nach Abschluss der Reparatur stellte sich heraus, dass die Halle viel heller als zuvor geworden war. Die Kosten konnten als Reparatur direkt voll abgeschrieben werden. Diese praktische Lösung des Problems hat dem Unternehmen viel Geld gespart.

**Verbogene
Dachkonstruktion**

Rechts:
Restaurierte Halle

Kunststoffteile aus eigener Fertigung

Im Jahre 1975 ärgerten wir uns darüber, dass wir ausgesprochen viel Geld für die Kunststoff-Faltenbälge an den Saatleitungsrohren unserer Sämaschinen ausgeben mussten, obwohl wir einige verschiedene Angebote machen ließen. Wir haben daraufhin einmal kalkuliert, was uns diese kosten würden, wenn wir sie selber herstellten. Dabei sind wir auf wesentlich günstigere Preise gekommen.

Unser Betriebsleiter Dipl.-Ing. Karl Wilhelm Wiendieck war der Meinung, dass er sich wohl in dieses Abenteuer stürzen wollte. So schaffte AMAZONE die erste Kunststoffmaschine an und stellte sie provisorisch in der äußersten Ecke der Tischlerei auf. Dort begann die eigene Erstellung unserer Kunststoffteile. Bald stellten wir fest, dass wir uns mit den Faltenbälgen gleich das schwierigste Teil herausgepickt hatten. Ein Faltenbalg muss von der Form abgeblasen werden, weil er nicht freiwillig aus der Form fällt. Damit er abgeblasen werden kann, muss die Form ständig mit einem so genannten Trennspray eingesprüht werden. Es hat ziemlich lange gedauert, bis wir die auftretenden Probleme im Griff hatten. Aber dann klappte die Herstellung hervorragend.

Nach den Faltenbälgen für unsere Sämaschine, von denen wir jährlich mehr als 100 000 Stück benötigten, fertigten wir viele weitere Teile, die vorher aus Metall hergestellt wurden und die unsere Konstrukteure entsprechend umkonstruiert hatten. Mit zunehmender Menge dieser Teile wurden nach und nach weitere Kunststoffmaschinen angeschafft.

Heute befindet sich unsere Kunststoffabteilung in einem separaten Gebäude. Wir besitzen fünf Kunststoffmaschinen, die täglich, in Spitzenzeiten sogar am Wochenende, rund um die Uhr im Einsatz sind. Die Anzahl der bei AMAZONE verwendeten Teile aus Kunststoff hat inzwischen die Zahl von 540 überschritten. Fast alle Werkzeuge für diese Teile werden in der eigenen Werkzeugmacherei hergestellt. Eines jedoch hat sich als besonders wichtig herausgestellt: Unsere Konstrukteure haben inzwischen gelernt, ›in Kunststoff zu denken‹, d. h. sie denken schon beim Konstruieren darüber nach, welche Teile man besser und billiger aus Kunststoff macht. Diese Teile sind nicht nur leichter und elastischer, sondern sind meistens auch sehr viel preisgünstiger als die Alternative aus Metall, außerdem rosten sie nicht. Der Einstieg in die Kunststoffverarbeitung hat den AMAZONEN-WERKEN sehr geholfen, eine herausragende Stellung auf dem Markt einzunehmen.

Kunststoffspritzmaschine

Direktsämaschine AMAZONE ›NT‹

Das Jahr 1975 war auch schon deshalb ein bedeutendes Jahr, weil in diesem Jahr mein Vetter Dr. Heinz Dreyer mit der Entwicklung der Direktsämaschine begann. Das Hauptbetätigungsfeld dieses Gerätes befand sich in Kanada, dessen Präriegebiete für die Direktsaat sozusagen prädestiniert sind. Direktsaat bedeutet, dass die Saatkörner ohne jegliche Bodenbearbeitung in den Boden gebracht werden. Dieses Verfahren ist in den Präriegebieten besonders wichtig, weil damit der Boden gut vor Winderosion geschützt werden kann. Diese Winderosion ist in Kanada und ähnlichen Ländern oft so schlimm, dass bei einem Frühjahrssturm tonnenweise wertvoller Boden vom Wind losgerissen und durch die Luft geblasen wird, sodass man kaum noch zehn Meter weit sehen kann und der Tag zur Nacht wird.

Zusammen mit unserem damaligen Partner Henry Rempel erwarb AMAZONE dafür sogar eine eigene Firma in Brandon, Manitoba. Leider entwickelten sich die Geschäfte der Landtechnik in dieser Region sehr schlecht, sodass wir diese Firma wieder aufgeben mussten. Die Direktsämaschine, genannt AMAZONE NT, war trotzdem erfolgreich, denn sie wird, wenn auch in weiterentwickelter Form – sie heißt nun *Airstar Primera* (DMC) –, noch heute erfolgreich eingesetzt. Das Besondere an dieser Konstruktion ist u. a. das patentierte Meißelschar, welches dieser Maschine zu gravierenden Vorteilen verhilft. Damit kann man auch in härtesten und trockenen Böden arbeiten und die Saat wird trotzdem – besser als mit allen anderen Systemen – in der richtigen Tiefe abgelegt. Für den erfolgreichen Einsatz dieses Systems bekam Dr. Heinz Dreyer im Jahre 2001 sogar die Ehrenprofessorwürde (Prof. h.c.) der Staatlichen Agrarakademie in Samara, in der Russischen Föderation.

Das stärkste Sämaschinenjahr war das Jahr 1976, in dem fast 7000 Maschinen abgesetzt wurden. Danach machte sich auch in diesem Bereich der Strukturwandel in der europäischen Landwirtschaft bemerkbar: Die Anzahl der produzierten Maschinen ging langsam, aber sicher zurück. Dieses bedeutete jedoch für unsere Firma keinen wertmäßigen Rückgang, denn die Maschinen wurden größer und komplexer, sodass der Umsatz weiter steigen konnte. 1983 erreichte AMAZONE die stolze Zahl von 100 000 ausgelieferten Sämaschinen – ein toller Erfolg.

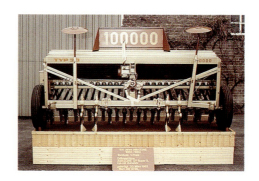

Die 100 000ste
Sämaschine

Die neue Mode: Pneumatikdüngerstreuer

1976 begann bei AMAZONE die Periode der Pneumatikdüngerstreuer. Die Mode kam aus Frankreich und wurde von der Firma NODET ausgelöst. Der Inhaber unserer französischen Importeurfirma, F. Dezort, bat uns dringend, auch einen pneumatischen Düngerstreuer zu bauen, da die Erfolge der Nodet-Streuer das gute Geschäft mit unseren Zweischeibenstreuern erheblich beeinträchtigten. Der Grund für das Aufkommen der Pneumatikstreuer war, dass diese auch schlecht gekörnte Dünger gleichmäßig auf das Feld verteilen konnten. Außerdem waren sie fast windunempfindlich.

So entschlossen wir uns, diese Entwicklung nicht zu verpassen, konstruierten erst einmal einen pneumatischen Großflächenstreuer, also einen gezogenen Streuer mit einer Kapazität von 2000 Litern, und nannten ihn AMAZONE *Jet 2000*.

Die Maschine funktionierte gut, hatte jedoch nicht den Erfolg, den wir uns erhofft hatten. Wir kamen zu dem Ergebnis: Ein pneumatischer Dreipunktstreuer muss her! So entwickelten wir den AMAZONE *Jet 1200*. Auch dieser Streuer erfüllte technisch durchaus die Forderungen der Kundschaft, war jedoch sehr schwer und teuer, sodass wir Schwierigkeiten hatten, auf unsere Kosten zu kommen. Also entschlossen wir uns, einen Leichtjet zu bauen, der preislich besonders konkurrenzfähig war. Der zuständige Konstrukteur übernahm die Aufgabe. Das Ergebnis war der AMAZONE *Jet 800*, und dieser fand anfangs große Anerkennung.

Er erfüllte alle Anforderungen: Er war leicht, sah sehr gut aus, machte eine gute Arbeit, war sehr praktisch zu bedienen und ausgesprochen preiswert. Der Verkauf stürzte sich mit Begeisterung auf diese Maschine, bis die ersten Reklamationen auftraten. Der Streuer hatte noch erhebliche Schwächen. Obwohl die Aufgabe relativ leicht war, den Streuer zuverlässig zu gestalten, weil die auftretenden Kräfte eigentlich nicht groß waren, bekamen Werner Hülsmann und die AMAZONE-Konstruktion die Probleme nicht unter Kontrolle. Die vielen Änderungen halfen nicht, auftretende Schäden abzustellen. Dabei demonstrierte unser Dipl.-Ing. von Bülow gleichzeitig an dem größeren *Super-Jet 1500*, der für die Großbetriebe entwickelt wurde, dass man einen Pneumatikstreuer konstruieren kann, der sogar auf Anhieb

AMAZONE ›Jet 2000‹

haltbar war, obwohl dieser die doppelte Arbeitsbreite hatte (bis zu 24 Meter) und entsprechend aufwändiger gebaut werden musste. Das Resultat war schließlich, dass die Verkäufer von AMAZONE den Pneumatikstreuer *Jet 800* nicht mehr empfahlen, weil sie Angst vor den anschließend auftretenden Reklamationen und dem damit verbundenen Ärger hatten. Sie empfahlen sogar den AMAZONE-Zweischeibenstreuer, wenn sich ein Bauer für den Pneumatikstreuer interessierte. Das war das Ende der AMAZONE-Pneumatikstreuer. Allerdings hatte Dr. Heinz Dreyer in der Zwischenzeit den Zweischeibenstreuer auch so verbessert, dass diese Maschine

AMAZONE ›Jet 1500‹

auch problematische Düngersorten nicht schlechter streute als ein Pneumatikstreuer. Er war sogar viel leichter zu bedienen und kostete vor allem noch nicht einmal die Hälfte. So blieben die Kunden doch bei AMAZONE.

Auch die Pneumatikstreuer der Konkurrenz verschwanden langsam wieder vom Markt, nur die Firma RAUCH stellte 2002 noch einige Exemplare her. Dabei muss man aber anmerken, dass praktisch alle Düngerstreuerhersteller sich mit diesem Thema befasst und sehr viel Geld in die Entwicklung gesteckt hatten. Für die AMAZONEN-WERKE waren die Pneumatikstreuer insgesamt kein Erfolg, obwohl immerhin 10000 Streuer davon produziert worden waren. Allerdings halten wir uns die Option offen, die Produktion wieder aufzunehmen, wenn der Markt das verlangt.

AMAZONE ›Super-Jet 1200‹

Das Stammwerk wird erweitert

Im Jahre 1976 war es im Stammwerk der AMAZONEN-WERKE wieder einmal zu eng geworden. Wir hatten aber noch eine Halle, die nicht häufig genutzt wurde: die alte Holzlagerhalle, in der sich zuvor auch eine Holztrockenanlage und die Holzradfertigung befanden. Die Seitenwände waren zwar nur aus Holzbrettern erstellt, jedoch war das Dach noch sehr stabil und 18 Meter freitragend gebaut. Wir ersetzten die Holzstützen durch Doppel-T-Träger, mauerten die Brüstung stabil und setzten darauf durchgehend doppelte Glaselemente, sodass die Halle sehr freundlich und ausgesprochen modern wurde.

Natürlich haben wir auch einen festen Fußboden mit einem glatten Estrich darauf eingebracht und in der Mitte der Halle in Zusammenarbeit mit den Tischlern des Werkes einen Sozialtrakt mit Aufenthalts- und Waschräumen und auch Toiletten eingerichtet. Insgesamt hat die Halle 1628 qm. Im Südteil wurde die Werkzeugmacherei und die Lehrwerkstatt, im Nordteil die Versuchsabteilung untergebracht. Als diese Abteilungen noch nicht eingezogen waren, haben wir ein zünftiges Betriebsfest mit allen Mitarbeitern und ihren Partnern gefeiert. Es war ein erfreulich harmonisches Fest mit flotter Tanzkapelle und Münchner Löwenbier. Es gab für jeden so viel er mochte, und alle waren bestens zufrieden.

Lehrwerkstatt und Werkzeugmacherei waren im Laufe der Geschichte der AMAZONEN-WERKE schon oft umgezogen, hier haben sie jedoch ihren endgültigen Standort erhalten. Der Versuch war hier bis 2001 untergebracht und der Werkzeugbau arbeitet noch heute in dieser angenehmen Behausung.

Ausbildungswerkstatt (oben)
und Werkzeugmacherei, 2003

Eigener Stützpunkt im Süden

Im gleichen Jahr haben wir uns dazu entschlossen, einen eigenen Stützpunkt in Süddeutschland zu errichten. Nach längerem Abwägen haben wir uns für den Standort Gablingen bei Augsburg entschieden, wo die Bundesbahn uns ein geeignetes Grundstück zur Verfügung stellen konnte. Wir errichteten dort eine großzügige Halle mit eingebauter Krananlage zur Einlagerung der gängigsten Maschinen, mit Schulungsraum, Ersatzteillager und schließlich auch mit einem Büro. Dort wurde dann auch ein Lkw stationiert, mit dem Maschinen ausgeliefert, aber auch Vorführungen veranstaltet werden können. Der Verwalter, Herr Rüdebusch, ist bis heute geblieben. Er hat seine AMAZONE-Karriere in unserem Zweigwerk in Hude begonnen, kam durch Heirat jedoch in den Süden.

In den ersten Jahren spielte die Einlagerung unserer Maschinen, hauptsächlich Düngerstreuer und Sämaschinen, eine größere Rolle. Heutzutage wird das jedoch weniger, weil durch die Komplexität der Technik die Aufträge immer individueller ausfallen und kaum noch ›Standardmaschinen‹ verkauft werden.

Dafür spielen Schulung und Beratung eine immer größere Rolle, und beides können wir in Gablingen gut durchführen. Alle Maschinen unseres großen Programms sind inzwischen dort vorrätig. Wir können sie dort den Interessenten zeigen und an ihnen die Verkäufer unserer Händler schulen. Die Präsenz in Bayern hat AMAZONE sehr geholfen, ähnliche Marktanteile zu erreichen wie in Norddeutschland.

Standort Gablingen:
W. Rüdebusch, R. Deisser,
H. Bisle, J. Unger, A. Schiefer
(von links nach rechts)

Kreiselgrubber ›KG 303‹

Die neue Idee: Kreiselgrubber

Die Rationalisierungsbemühungen in der Landwirtschaft gingen weiter und die Landwirtschaftsexperten fanden heraus, dass man bei der Feldbestellung häufig auf das Pflügen verzichten kann. Diese Erkenntnis führte zum langsamen Sterben der Rüttelegge. Die Rüttelegge leistet zwar hervorragende Arbeit, aber nur, wenn vorher gepflügt wird, da sie Pflanzenreste auf dem Acker ›sammelt‹. Immerhin wurden über 50000 Exemplare gebaut und sie befanden sich bis 2002 noch im Programm. Schließlich gibt es auch heute noch Betriebe, die auf das Pflügen nicht verzichten möchten.

AMAZONE musste sich nach Alternativen umschauen. Diese Suche führte zu der Erkenntnis, dass die Landwirtschaft ein Gerät braucht, welches Stroh und andere Pflanzenreste mit dem Boden vermischt. Das Ergebnis dieser Überlegungen war der AMAZONE-Kreiselgrubber, der von Dr. Ing. Große Scharmann und Dipl.-Ing. Bernd Gattermann entwickelt wurde. Die Aufgabenstellung war klar definiert, aber die Lösung war schwierig. So dauerte es einige Jahre und kostete sehr viel Geld, bis der Kreiselgrubber mit seinen ›Zinken auf Griff‹ die in ihn gesetzten Erwartungen voll erfüllte. Heute ist der Kreiselgrubber einer der Hauptimageträger von AMAZONE und hat seine hohen Entwicklungskosten wieder mehr als eingebracht.

**Kreiselegge ›KG-KE‹
im Feldeinsatz**

1984 erhielt der Kreiselgrubber seine ›kleine Schwester‹, die Kreiselegge. Diese arbeitet im Gegensatz zum Kreiselgrubber mit Werkzeugen, die leicht nach hinten gestellt sind (›auf Schlepp‹). Damit können sie den Steinen im Boden leicht ausweichen und sind so wesentlich geringeren Belastungen ausgesetzt. Allerdings können sie die Pflanzenreste nicht so gut mit der Erde vermischen und es ist fast unmöglich, mit der Kreiselegge die gewünschte Bearbeitungstiefe einzuhalten, weil sie sich bei schweren, trockenen Böden und bei schneller Fahrt selbst anhebt und auf den Zinken schwebt.

Die Kreiselegge erhielt auch die bewährte Doppelwanne des Kreiselgrubbers, war damit die stärkste Kreiselegge auf dem Markt und konnte sich trotz stärkster Konkurrenz aus Deutschland, Frankreich und Italien einen großen Marktanteil erwerben. Außer dem starken Rahmen haben Kreiselgrubber und -egge einen weiteren Riesenvorteil zu bieten: die sekundenschnell, nur mit einem Bolzen auswechselbaren Zinken.

AMAZONE ›ZA-U‹

Neue Technik beim Zweischeibenstreuer mit 24 Metern Arbeitsbreite

1980 war die Geburtsstunde eines weiteren Volltreffers der AMAZONEN-WERKE, des Zweischeibenstreuers AMAZONE ZA-U. Er war der erste Düngerstreuer der Welt mit einer wirksamen Arbeitsbreite von 24 Metern. Erforderlich wurde diese Weiterentwicklung, weil die großen Betriebe größere Arbeitsbreiten und Kapazitäten forderten und weil viele andere Düngerstreuerhersteller inzwischen auch einen Zweischeibenstreuer herausgebracht hatten und uns Konkurrenz machten. Konstruiert wurde dieser Streuer, wie alle anderen Zweischeibenstreuer von AMAZONE, von meinem Vetter Dr. Heinz Dreyer persönlich.

Dieser Streuer hatte besonders hervorstechende Merkmale: beispielsweise langsam laufende Rührwellen, um die empfindlichen Düngerkörner zu schonen. Darüber hinaus hat er ›Topfstreuscheiben‹, d.h. die Oberfläche der Streuscheiben steigt nach außen an. Damit wird der Dünger schräg nach oben abgeworfen und fliegt so auch bei geringerer Geschwindigkeit weiter und fällt dann sanft in die Getreidepflanzen, ohne die Ähren des Getreides zu beschädigen. Außerdem hat der Streuer noch eine Besonderheit: die Spätdüngungsschaufeln. Damit kann der Benutzer auch noch Dünger streuen, wenn das Getreide schon ziemlich groß gewachsen ist und bereits die Ähren schiebt. In diesem Stadium ist eine Düngung sehr wichtig, weil dadurch die Backfähigkeit des Getreides verbessert wird. Um diese Spätdüngung zu ermöglichen, werden jeweils die Streuschaufeln auf den beiden Streuscheiben außen hochgeklappt und damit das ganze Streubild um etwa einen halben Meter angehoben. Um diese Wirkung zu erreichen, hatten AMAZONE und andere Hersteller bis zu diesem Zeitpunkt komplizierte und teure Zusatzeinrichtungen konstruiert. Diese waren nun überflüssig. Ein weiterer Vorteil dieser Maschine ist, dass man nichts, außer der Streumenge, verstellen muss.

Für verschiedene Arbeitsbreiten und unterschiedliche Düngerarten werden unterschiedliche Streuscheiben angeboten, die man einfach von Hand und ohne Werkzeug aufsetzen kann. Auch für das Streuen an der Grenze der Felder gibt es eine spezielle Grenzstreuscheibe. Damit wird vermieden, dass der Dünger über die Feldgrenze fliegt, was besonders an Gräben und Flussläufen wichtig ist. Der Düngerstreuer AMAZONE ZA-U wurde ein großer Erfolg und bis 1993 fast 50 000fach verkauft. Ihm folgte die nächste Generation der Zweischeibenstreuer, der AMAZONE ZA-M, mit einer Arbeitsbreite von bis zu 36 Metern. Die ZA-U-Streuer sind auf vielen Höfen noch heute im Einsatz und werden zu einem sehr guten Preis als Gebrauchtmaschinen gehandelt.

AMAZONE Harworth:

die eigene Vertriebsfirma

für das AMAZONE- und

KRONE-Programm

Eigener Vertrieb in Großbritannien

Im Jahre 1983 entschlossen sich die AMAZONEN-WERKE, in Großbritannien eine eigene Vertriebsfirma zu gründen. Der bis dahin für die AMAZONE-Produkte zuständige Importeur, die Firma TASKERS, befand sich in einer Notlage und konnte die AMAZONE-Interessen nicht mehr ausreichend vertreten. Rod Baker wurde unser Geschäftsführer und Partner, er war schon bei Taskers für den Vertrieb unserer Maschinen verantwortlich gewesen. Wir gründeten also gemeinsam die AMAZONE LTD. und kauften ein Grundstück mit Gebäuden auf einem stillgelegten Militärflugplatz, welches günstig zu erwerben war und richteten uns dort einfach, aber gemütlich ein. Das Grundstück hatte den Namen *Coocoo Copse*, was so viel wie Kuckucks-Hain bedeutete. Das frisch gegründete Unternehmen stand unter einem günstigen Stern, arbeitete von Anfang an mit Gewinn und entwickelte sich sehr erfreulich. Der Umsatz der Firma Taskers konnte schon bald verdoppelt und verdreifacht werden und der Name AMAZONE gewann auch auf der britischen Insel zunehmend an Bedeutung. Für die AMAZONE-Kommunalgeräte wurde eine spezielle Abteilung geschaffen, die sich ebenfalls erfreulich entwickelte. Inzwischen hatte unsere Firma ihren Sitz nach Harworth, in der Nähe von Birmingham, verlegt, wo wir großzügige Lager-, Verwaltungs- und Schulungsräumlichkeiten geschaffen haben. Der vorherige Sitz der Firma in Coocoo Copse wurde verkauft.

Die ›Krönung‹ dieser Entwicklung war, dass die Firma KRONE in Spelle unserer dortigen Tochter ihre Vertretung für ganz Großbritannien übertrug. Die AMAZONE-Geräte für den Intelligenten Pflanzenbau und das Krone-Programm für die Grünlandwirtschaft waren eine ideale Kombination. Leider wurde diese positive Entwicklung ab dem Jahre 1996 unterbrochen, der Umsatz von Landtechnik allgemein war in Großbritannien enorm rückläufig, dazu kamen die Katastrophen BSE sowie Maul- und Klauenseuche. Unsere AMAZONE LTD. machte erhebliche Verluste und wir mussten angemessen auf diese Situation reagieren. Unser Partner, Rod Baker, hatte damit Schwierigkeiten. Er verließ unser Unternehmen und war fortan als unser Händler weiter aktiv. Die Geschäftsführung übernahm im Jahre 2000 Kevin Ridley. Er war zuvor als Produktmanager bei uns tätig gewesen. Das Unternehmen wurde neu organisiert und die Belegschaft, besonders im Verwaltungsbereich, dezimiert. Kevin Ridley schaffte es mit tatkräftiger Unterstützung, besonders von Christian Dreyer, das Unternehmen schon im Jahre 2001 wieder in die Gewinnzone zu bringen.

100 Jahre AMAZONE

1983 wurde am 2. und 3. Mai das 100-jährige Firmenjubiläum bei Amazone gefeiert. Für diesen Zweck wurde die gesamte Versandabteilung ausgeräumt und festlich hergerichtet. Viele Festredner, wie z.B. Bauernpräsident Freiherr von Heeremann aus Riesenbeck, lobten die erfolgreichen Aktivitäten der Amazonen-Werke und wünschten uns auch weiterhin viel Erfolg für die Zukunft. Am ersten Abend war die Feier für alle unsere Partner im Ausland gedacht. Es wurde ein schönes Fest, bei dem sich jeder als Mitglied der Amazone-Familie wohl fühlte. Am nächsten Tag fand das Jubiläumsfest für alle Mitarbeiter mit ihren Partnern statt, natürlich mit großem Festessen und Musik. Auch aus unserem Zweigwerk in Hude erschien eine große Abordnung, die mit Bussen angereist war. Die Stimmung war ausgezeichnet, sodass es lange dauerte, bis sich die große Familie auf den Heimweg machte. Die Kapelle musste viel länger spielen, als ursprünglich vereinbart war. Dieses schöne Fest hat die ganze Amazone-Familie wieder einmal nachhaltig zusammengeschweißt.

100-jähriges
Jubiläum, 1983

AMAZONE-Streuhalle

1983 wurde im Stammwerk Gaste die Streuhalle für Düngerstreuer, in der unsere Zentrifugalstreuer getestet und weiterentwickelt werden, in Betrieb genommen. In dieser Halle werden auch die vielen verschiedenen Düngersorten ausprobiert und die richtigen Einstelldaten für die Streutabellen ermittelt. Und schließlich werden hier auch die diversen Erzeugnisse unserer Mitbewerber getestet, um ihre Stärken und vor allem auch ihre Schwächen herauszufinden.

In der Prüfhalle befindet sich ein 40m breiter Wagen, auf dem 76 quadratische Behälter zum Auffangen des Düngers angebracht sind. Unter diesen Behältern ist ein Gummiband mit 76 Bechern installiert, in die der aufgefangene Dünger fällt. Nach Abschluss des Tests setzt sich das Gummiband motorgetrieben in Bewegung und befördert den Dünger aus den 76 Bechern auf eine elektronische Waage. Die Werte werden dann direkt in einen Computer übertragen, wo mit einem Spezialprogramm die entsprechende Auswertung erfolgt. Der 40m breite Wagen fährt auf Schienen längs durch die Halle, an deren Innenwand der Düngerstreuer angebaut ist. Natürlich haben wir auch schon in all den Jahren zuvor unsere Streuer getestet, allerdings sehr viel primitiver und zeitaufwändiger. Heute dauert ein Test etwa eine Viertelstunde. Es kommen sogar Düngerhersteller zu uns nach Gaste, um ihre neuen Düngersorten mit unseren Streuern zu testen.

Streuhalle zum Testen
unserer Düngerstreuer und
neuer Düngersorten

Zweigwerk-Erweiterung Hude-Nord

Ein besonderes Ereignis für AMAZONE bot auch das Jahr 1984. In diesem Jahr kauften wir den HUDER MÜHLENBAU in Hude, auf der anderen Seite der Bahnlinie Hude–Bremen gegenüber unserem Zweigwerk. Das Betriebsgelände ist fast 2 ha groß; der Betrieb hatte in seinen besten Zeiten etwa 250 Menschen Arbeit gegeben. Gegründet wurde dieses Unternehmen von August Heins, der hier Mühlen und später u. a. Getreidelageranlagen herstellte. Das Unternehmen war ein Jahr zuvor in Konkurs gegangen und die Gebäude waren seither ungenutzt.

Der Betriebsleiter unseres Zweigwerkes, Herr Dr. Ing. Große Scharmann, machte uns den Vorschlag das Werk zu übernehmen, wenn es günstig zu haben wäre und führte die Vor-verhandlungen mit Banken und der Gemeinde. Dabei erhielten wir das Angebot, das Unter-nehmen mit kompletter Einrichtung für 1,8 Mio. D-Mark kaufen zu können, und die Gemein-de Hude bot an, sich an einem Verbindungstunnel unter der Bahn zur Hälfte zu beteiligen, damit die beiden Werke zusammengeführt werden konnten. Besonders die Gemeinde war daran interessiert, dass wieder Leben in das Werk kam, damit es nicht verfiel. Wir konnten die Anlagen gut gebrauchen, weil es in unserem eigenen Werk schon reichlich eng geworden war und wir schon Pläne zur Erweiterung erstellt hatten.

Nach dem Kauf zogen in ›Hude-Nord‹, wie die Anlage zur Unterscheidung des Ur-sprungswerkes genannt wurde, die Abteilungen Versuch, Konstruktion, Schüttgutlagerabtei-lung, Ersatzteillager, Lehrwerkstatt und die Fertigung der Großflächenstreuer ein. Außerdem installierten wir in der ehemaligen Farbgebung ein modernes Schulungs- und Informations-zentrum.

Im Verwaltungsgebäude, gleich nebenan, befindet sich ein großzügiger Aufenthalts-raum, den wir auch für unsere Gäste nutzen können. Der Kaufpreis der Anlage war zwar niedrig, jedoch war der Aufwand für die Sanierung der Gebäude und den Umbau der einzel-

Zweigwerk Hude

AMAZONE ›ED‹:
Einzelkornsägerät für vier
Reihen Mais, Sojabohnen,
Sonnenblumen usw., 1987

nen Abteilungen enorm. Auf dem Gelände standen viele Schuppen, die in einem schlechten
Zustand waren; ihretwegen wurde der alte Herr Heins auch ›Schuppen-August‹ genannt. Wir
rissen sie alle ab, pflasterten den Hof und legten freundliche Grünanlagen an. Heute macht
das Werk einen guten Eindruck, wie es sich für ein AMAZONEN-WERK gehört.

Einzelkornsägerät von AMAZONE

1987 begann eine weitere neue Ära bei AMAZONE. Unsere
zahlreichen Kunden im In- und Ausland hatten uns schon
seit längerer Zeit gebeten, zur Abrundung unseres Programms noch ein Einzelkornsägerät zu entwickeln. Nach
längerem Drängen gaben wir nach und beauftragten unseren Konstrukteur, Dipl.-Ing. Martin Kemper, mit der Reali-
sierung dieser Wünsche, der Entwicklung eines pneumatischen Einzelkornsägerätes. Nach etlichen Anläufen und
auch Rückschlägen erwies sich diese AMAZONE ED als durchaus konkurrenzfähig, auch wenn dabei Schwierigkeiten be-
standen, einen interessanten Preis zu erzielen. Heutzutage
hat sich die ED technisch durchgesetzt, besonders bei den
Lohnunternehmern. Sie wird bis zu einer Arbeitsbreite von
9 Metern und 18 Reihen angeboten. Inzwischen hat sich
AMAZONE auch auf diesem Sektor zum Marktführer in
Deutschland entwickelt.

Das stärkste Pferd im
Stall: AMAZONE ›ED‹, 12-reihig,
hydraulisch klappbares Einzelkornsägerät mit 9 Metern
Arbeitsbreite, 2000

Eigener AMAZONE-Vertrieb in Frankreich

Am 1. Januar 1988 übernahmen die AMAZONEN-WERKE die Firma L. BARA, den seit 1948 für AMAZONE tätigen Importeur in Frankreich. Gegründet hatte die Firma L. Bara ein Manager aus Tschechien, der vorher bei der Schuhfabrik Bata als Direktor tätig gewesen war. Die politischen Umstände hatten ihn aus seiner Heimat nach Paris vertrieben. Dort gründete er seine eigene Firma und stellte als ersten Mitarbeiter seinen Landsmann, Pierre Pelikan, ein. Dieser machte ihm den Vorschlag, Landmaschinen zu importieren und zu vertreiben, denn er sah nach dem Zweiten Weltkrieg eine große Mechanisierungswelle auf die französische Landwirtschaft zukommen. Mit der Zeit verkaufte die Firma L. Bara ein Riesenprogramm: von der kleinen Landmaschine bis zu Traktoren und Riesenmaishäckslern aus Amerika. Die Firma L. Bara repräsentierte so bekannte Firmen wie beispielsweise EICHER, HOLDER, NEW IDEA, ISARIA und NIEMEYER und war damit eines der bedeutendsten Handelshäuser in Frankreich.

Anfangs war AMAZONE nur ein kleines Rädchen im L.-Bara-Getriebe, gewann jedoch stetig an Bedeutung, bis der Umsatz von L. Bara zuletzt zu etwa 75 Prozent aus AMAZONE-Produkten resultierte. Schon kurz nach der Gründung der Firma hatte François Dezort die Tochter von L. Bara geheiratet und wurde damit später der Inhaber der Firma. Die Zusammenarbeit mit Pierre Pelikan und François Dezort gestaltete sich außerordentlich ertragreich. Aus Frankreich erhielten wir wertvolle Anregungen für die Programmgestaltung und die Firma L. Bara verkaufte unsere Maschinen sehr erfolgreich. Schon bald wurde Frankreich unser mit Abstand wichtigstes Export-Abnehmerland.

Schließlich waren die Herren Dezort und Pelikan in die Jahre gekommen und wollten sich in den verdienten Ruhestand begeben. Die Nachfolge der Geschäftsleitung sollte der Schwiegersohn von Herrn Dezort antreten, den wir allerdings nicht für die Idealbesetzung hielten. So machten wir Herrn Dezort den Vorschlag, uns seine Firma zu verkaufen.

Die Verhandlungen führte für uns unser langjähriger Prokurist und Leistungsträger, Dr. Rolf Friederichs, der in unserem Hause u.a. die Finanzen verwaltete und den gesamten Export betreute. Er war von 1966 bis 1996 in unserem Stammwerk in Gaste tätig und erwarb sich in dieser Zeit sehr große Verdienste, wofür er mit einer Urkunde besonders geehrt wurde. Ihm gelang es, die Firma zu günstigen Bedingungen zu erwerben, einschließlich der Lagergebäude und Grundstücke. Die Worte von Herrn Dezort bei der Vertragsunterzeichnung waren: »Ich überreiche Ihnen die Firma L. Bara auf einem silbernen Tablett!« Schon kurze Zeit später brach der Umsatz der Landmaschinen in Frankreich und in der ganzen Branche förmlich zusammen, für AMAZONE um mehr als 50 Prozent, fast eine Katastrophe.

Verwaltung in Méré

Schon vorher hatte der von uns eingesetzte Geschäftsführer, Herr Jean Pelikan, Pierre Pelikans Sohn, gemeinsam mit unserem Herrn Dr. Friederichs damit begonnen, die zu große Mannschaft zu reduzieren, die Mieten für Computer- und Telefonanlagen zu senken und einfachere und billigere Verwaltungsräume zu suchen. Trotzdem entstanden in dieser Zeit Verluste, wie bei den meisten unserer Kollegen. Ab 1993 erholte sich aber das Geschäft und unsere Tochter arbeitete bald wieder mit Gewinn. Wenn Herr Dezort uns seine Firma nicht vor dem Desaster verkauft hätte, wäre die Firma wahrscheinlich in Konkurs gegangen und wir beide, AMAZONE und Herr Dezort, hätten viel Geld verloren.

AMAZONE baute schon bald nach der Übernahme auf dem erworbenen Grundstück neben der großen Lagerhalle ein Verwaltungsgebäude mit Schulungsräumen. Der Umsatz entwickelte sich weiter positiv.

Mein Sohn, Dipl. Wirtsch.-Ing. Christian Dreyer, zog im Jahre 1994 mit seiner Frau für ein Dreivierteljahr nach Frankreich, um sich persönlich um den Erfolg der Firma und um die Pflege der persönlichen Beziehungen zu den Mitarbeitern zu kümmern. Damit trat erstmals ein Vertreter der vierten Generation der Familie Dreyer in Aktion.

Darüber hinaus erhielt unsere französische Tochter – wie auch in England – die Vertretung des kompletten KRONE-Programms, eine ideale Ergänzung und eine ebenfalls sehr erfreuliche Entwicklung. Auch unsere Freunde von der Firma KRONE, die Herren Dr. Ing. E.h. Bernard Krone, Dipl.-Ing. Wilhelm Voß und andere, sind mit ihrer Entscheidung inzwischen sehr glücklich. Der Umsatz unserer erfolgreichen Tochter AMAZONE S.A., wie sie sich nennt, die ihren Sitz mitten in der ›Grand Culture‹ in dem Ort Méré hat, hat im Jahre 2001 die Umsatzhöhe von 50 000 000 Euro überschritten, ein stolzes Ergebnis.

Werbethermometer
aus dem Jahre 1955

Eine Wende – auch für die AMAZONEN-WERKE

Am 9. November 1989 fand ein einschneidendes Ereignis für alle Deutschen statt: der Fall der Mauer. Auch für die AMAZONEN-WERKE war die Wende ein einschneidendes Ereignis. Vor allem eröffnete sie uns ein interessantes Betätigungsfeld. Schon vor dem Zweiten Weltkrieg war ein Großteil der AMAZONE-Produkte in den ›deutschen Osten‹ gegangen. Nun gingen wir sofort daran, unsere Chancen wahrzunehmen, wobei uns zugute kam, dass unsere Produkte, wie Düngerstreuer und Sätechnik, besonders dringend benötigt wurden. Schon bald hatten wir alleine in den neuen Bundesländern sieben zusätzliche Reisende engagiert, die dort unsere Interessen vertraten, sowie in Mecklenburg und in Brandenburg werkseigene Stützpunkte mit Ersatzteillagern eingerichtet. Unsere neuen Werksbeauftragten sind fast ausschließlich Diplomlandwirte von dort, die in der Lage sind, die meist riesigen Betriebe fachmännisch zu beraten. Wir haben von Anfang an Wert darauf gelegt, Vertrauen zu dem Produkt AMAZONE aufzubauen, wie das auch in den alten Bundesländern schon vorhanden war, und nicht das schnelle Geschäft zu machen.

Wir haben dort sehr viele Maschinen verkaufen können, besonders in den ersten zwei Jahren. Später haben die Umsätze sich dann auf gutem Niveau, wie in den alten Bundesländern, eingependelt. Der bis dahin ›real existierende Sozialismus‹ hatte endgültig abgewirtschaftet. Der Arbeiter- und Bauernstaat war am Ende und damit so manche Illusion – sogar bei uns in Westdeutschland – zerstört. Viele Bürger der DDR nutzten die neu gewonnene

Freiheit und kamen mit ihrem ›Trabbi‹ in den Westen. Zusätzlich wurden sie von einem so genannten Begrüßungsgeld von 100 D-Mark pro Person angelockt, welches sofort für Dinge ausgegeben wurde, von denen sie zwar zuvor im Westfernsehen erfahren, woran sie aber nicht so recht geglaubt hatten.

Für uns im Westen kam die Wiedervereinigung total überraschend, da sogar diejenigen, die vorher gelegentlich davon gesprochen hatten, selbst nicht daran geglaubt hatten. Nur einige Funktionsträger in der DDR hatten es kommen sehen, da schon seit Jahren die Mangelwirtschaft immer bedrückender geworden war.

Tatsächlich lebte die DDR schon seit ihrer Gründung 1949 von der Substanz, das heißt: Straßen, Schienen, alle Versorgungsleitungen, Gebäude einschließlich Kulturdenkmäler und sogar die Landwirtschaft konnten nur noch notdürftig in Betrieb gehalten werden oder – noch schlimmer – waren dem Verfall preisgegeben, so auch der größte Teil der Wirtschaft und der Industrie. Die in der DDR entwickelten Produkte waren größtenteils nicht konkurrenzfähig und die Produktion war veraltet und unrationell. Selbst die in der DDR lebenden Menschen waren durch die herrschende Bevormundung in ihrem Denken beeinflusst bzw. behindert worden.

So kam es leider, dass nach der anfänglichen Freude über die Wiedervereinigung die Mauer in vielen Köpfen wieder aufgebaut wurde. Das hatte mehrere Gründe: Sofort nach der Wende strömten kleine Gauner und Betrüger, auf die im Westen kein Mensch mehr hereinfiel, in die neuen Bundesländer und verkauften den ›Ossis‹ Dinge, die man bei den ›Wessis‹ nicht mehr loswerden konnte; und zwar nicht nur Gegenstände wie Autos oder Kleider, sondern auch Versicherungen, und das zu überhöhten Preisen. Die gutgläubigen Menschen im Osten vertrauten der Qualität der Westprodukte und ließen sich vieles andrehen. Nachdem sie mit der Zeit dahinterkamen, dass man sie übervorteilt hatte, setzte natürlich ein enormer Vertrauensverlust ein.

Zusätzlich sorgten viele ›Wessis‹ für Unmut, die nach der Wende in den neuen Bundesländern Besitzansprüche auf Grundstücke und Gebäude stellten, die seit 50 Jahren von anderen Menschen genutzt und auch repariert und gepflegt worden waren. Grundsätzlich kann man wohl sagen, dass die Menschen in der ehemaligen DDR, die dort unter dem System gelitten hatten, nach der Wende eine andere Entwicklung erwartet hatten, zumal die Politiker ihnen auch mehr versprochen hatten, als sie halten konnten.

Auch die Medien, wie Zeitungen und Fernsehen, berichteten überwiegend von auftretenden Mängeln und weniger von den Vorteilen der Wende. Sie sind immer noch damit beschäftigt, die Verbrechen des Naziregimes ›aufzuarbeiten‹. Wahrscheinlich werden sie in 50 Jahren dazu kommen, die Verbrechen des DDR-Regimes zu behandeln und zu verurteilen. Vorläufig wird die Nachfolgepartei der SED bzw. ihre Repräsentanten von den Medien nicht nur toleriert, sondern auch noch hofiert und ihre ›Altlasten‹ werden ignoriert.

Für die AMAZONEN-WERKE eröffneten sich nach der Wende riesige Chancen, ihre Produkte auch in den ehemals sozialistischen Ländern zu verkaufen.

Schon vor der Wende hatten wir große Erfolge in der damaligen Tschechoslowakei. Dort waren wir führender Lieferant des staatlichen Unternehmens MOTOKOV und arbeiteten mit der Vertretung UNIFRUX zusammen, aus der unsere heutige Vertretung UNICOM hervorgegangen ist. Damaliger Mitarbeiter der Firma UNIFRUX war Jan Votava, der heute zusammen mit seinen beiden Söhnen Jan und Ladislav unsere Interessen in Tschechien und in der Slowakei vertritt. Ähnliche Erfolge gab es auch in Polen. Unsere großen Erfahrungen aus der Zeit vor der Wende und unseren diesbezüglichen Vorsprung im Wettbewerb konnten wir nach dem Fall der Mauer auch in den anderen ehemaligen sozialistischen Ländern in Erfolge umsetzen. In all diesen Ländern, wie den baltischen Staaten, der Ukraine, Russland, Bulgarien, Ungarn, Rumänien usw., wurden Partner gefunden, die unsere Interessen vor Ort vertreten. Unser damaliger Exportleiter für den Bereich ›Ost‹, Dipl.-Ing. Gerhard Holtkamp, hat sich hier große

Verdienste erworben. Eine besonders erfolgreiche Entwicklung nahmen die Geschäfte in Russland, wo wir mit der Firma Ант (Frau Orlowa und Herr van Wissen) eine Kooperation für die Fertigung und den Vertrieb unserer Maschinen in Samara aufbauen konnten und inzwischen ein interessantes Geschäftsvolumen erreichen. Aber auch die Entwicklung in der Ukraine, in Bulgarien, im ehemaligen Jugoslawien und neuerdings auch in Weißrussland, wo wir zum Teil sogar eigene Vertriebsnetze aufbauen konnten, verläuft höchst erfreulich. Weiteres Potenzial sehen wir in Kasachstan und Usbekistan.

NEUE OZ OSNABRÜCKER ZEITUNG

NEUE TAGESPOST
OSNABRÜCKER TAGEBLATT

23. Jahrgang — Nr. 264/45. W. — Ruf 32 50 (Große Straße) und 31 00 (Breiter Gang)   Sonnabend, 11. November 1989   T 5830 A   Ausgabe **B**   Einzelverkaufspreis: 1,50 DM

Sie lesen heute: Naturschützer: 40 Prozent der Skigebiete völlig zerstört   *Weltspiegel*

DDR bricht Mauer auf

Neun weitere Grenzübergänge

Berlin, 10. November (dpa/AP)
Das geteilte Berlin ist nach der historischen Öffnung der Mauer in Aufbruchstimmung — und rückt von Stunde zu Stunde enger zusammen. Zugleich bekommt die Mauer Löcher. Überraschend einigten sich DDR-Führung und Westberliner Senat am Freitag darauf, in den nächsten Tagen neun weitere Grenzübergänge in der Stadt für den Besucherverkehr zu öffnen.

Auch am Freitag erlebte der Westteil der Stadt einen Ansturm von Besuchern aus Ostberlin, die die neue Freiheit genossen — und dann nach Hause zurückkehrten. Wie in der Nacht zuvor spielten sich rührende menschliche Szenen des Wiedersehens ab.

Schon am Freitagabend öffneten die neuen Grenzübergange an der Glienicker Brücke und im Vorort Lichtenrade. Zugleich begannen Abrißarbeiten an der Mauer am Potsdamer Platz und an der Bernauer Straße. Dort soll von Sonntag an der Verkehr fließen. Die weiteren Übergänge werden in den nächsten Tagen zum Teil aus der Mauer gebrochen. Außerdem soll

das Westberliner Nahverkehrsnetz angeschlossen werden.

DDR-Innenminister Dickel machte in einer TV-Ansprache klar, daß für Reisen in den Westen ein Visum entweder in den Paß oder in den Personalausweis eingetragen werden musse. Er versicherte den DDR-Bürgern ausdrücklich, daß die jetzt gefundene Ausreiselösung „von Dauer" sei und zu den Grundlagen des neuen DDR-Reisegesetzes gehören werde. „Die Bürger unseres Landes können sich voll darauf verlassen und brauchen keine übereilten Entschlüsse zu treffen", sagte der Minister unter Anspielung auf die nach wie vor anhaltende

EIN BILD, DAS UM DIE WELT GEHT: Berliner (Ost) und Berliner (West) tanzen und singen auf der Mauer am Brandenburger Tor.   Funkfoto: AP

Mazowiecki: Verständnis für Kohls Rückflug

Warschau, 10. 11. (AP)
Der polnische Ministerpräsident Mazowiecki hat Ver-

SED stellt Koalition und freie Wahlen in Aussicht

ZK beschließt „Aktionsprogramm" - Spitzenfunktionäre entmachtet

ebenso wie Joachim Herrmann, der bislang für die Medien verantwortlich war. Die SED-Gremien beriefen außerdem vier est am Mittwoch gewählte Politbüromitglieder wieder a, und zwar Hans-Joachim Böhme, Johannes Chemnitzer, Inge Lange und

AMAZONE ›ZA-M‹:
der erste 36-Meter-Streuer
der Welt, 1990

Erster Düngerstreuer mit einer Arbeitsbreite von 36 Metern

1990 konnte AMAZONE einen weiteren Meilenstein in der Geschichte der Düngerstreuer setzen: Wieder war es mein Vetter Dr. Heinz Dreyer, der den ersten Düngerstreuer mit einer Arbeitsbreite bis zu 36 Metern erfand, den AMAZONE ZA-M. Dies war ein wichtiger Schritt zur weiteren Rationalisierung der Landwirtschaft.

Viele Großbetriebe arbeiten mit Fahrgassen, die auf 18 Meter angelegt sind. Nun haben diese die Möglichkeit, beim Streuen von grob gekörnten Düngern die doppelte Leistung zu erbringen, während sie bei problematischen und kristallinen Düngern weiterhin, aber auch sicher ihre 18 Meter streuen können. Neu an dem ›M-Streuer‹ sind die verstellbaren Streuschaufeln, mit denen man verschiedene Arbeitsbreiten einstellen kann, die aber auch die unterschiedlichen Streueigenschaften der verschiedenen Dünger berücksichtigen. Mit dieser überzeugenden Weiterentwicklung der Düngerstreuer konnte AMAZONE seine Marktführerschaft wieder einmal auch für die Zukunft manifestieren.

Die Fertigung wird weiter mechanisiert

Im gleichen Jahr 1990 schaffte AMAZONE im Stammwerk in Gaste eine moderne CNC-gesteuerte Nibbelmaschine mit Plasmaschneideinrichtung an und schuf damit die Voraussetzung für eine rationelle Blechverarbeitung sowie für die enorme Flexibilität und hohe Schlagkraft in der Entwicklung neuer Maschinen. Mit dieser Maschine ist es möglich, innerhalb von Stunden komplizierte Blechteile mit vielen verschiedenen Löchern mit enormer Präzision auch in kleinen Stückzahlen für Versuchsmaschinen zu erstellen, an denen bislang qualifizierte Mitarbeiter tagelang gearbeitet hatten. Zwar kostet eine solche Werkzeugmaschine etwa eine halbe Million Euro, jedoch ermöglicht sie eine enorme Schlagkraft bei der Entwicklung neuer Maschinen, was in Zukunft immer wichtiger wird. Es ist immer weniger Zeit zur Verfügung, um eine neue Maschine zu entwickeln. Sobald ein Prototyp erfolgreich getestet ist, schreit der Vertrieb danach, diese Maschine in großen Stückzahlen verkaufen zu

Links:

Schweißroboter im Einsatz

Rechts:

**Hydraulische Presse mit
automatischer Zuführung
vom Coil (Blechrolle), 1991**

können. Aber auch für die Fertigung ist eine solche Maschine von unschätzbarem Wert, da sie die rationelle Erstellung von Serienteilen ohne jegliche Stanzwerkzeuge ermöglicht und damit den Anlauf der Fertigung einer neu entwickelten Maschine unglaublich beschleunigt.

Im Jahr darauf, also 1991, schaffte AMAZONE im Stammwerk Gaste zu dieser Nibbelmaschine eine neue Hydraulikpresse mit einer Druckkraft von 550 Tonnen an. Damit verformen wir die Bleche so geschickt, dass sie auch bei einer relativ geringen Stärke enorm stabil sind und große Kräfte übertragen können. Wir nennen die Technik ›Flugzeugbauweise‹ und kommen damit den Wünschen der Bauern entgegen, leichte, aber trotzdem enorm haltbare Maschinen zu produzieren, denn auch unnötiges Gewicht belastet Maschinen und Traktoren und kostet Energie.

AMAZONE DüngerService –
ein Segen für die Landwirtschaft

Im Jahre 1992 richtete AMAZONE, ebenfalls im Stammwerk Gaste, ein Düngertestlabor ein, eine sensationelle Leistung für die Landwirtschaft. In diesem Labor werden nicht nur die erforderlichen Daten für unsere eigene Entwicklung ermittelt, die Bauern können hier auch direkt anrufen, um Einstelldaten für ihren Düngerstreuer zu erfragen. Das ist bei Düngern erforderlich, die nicht in der Streutabelle angegeben sind.

Im Fall von Düngern, deren Herkunft unbekannt ist, haben Bauern die Möglichkeit, eine Probe von 2 kg an das Labor zu schicken, um sie untersuchen zu lassen. Die Probe wird dann innerhalb weniger Stunden getestet und der Bauer erhält per Fax die richtigen Einstelldaten für seinen AMAZONE-Streuer. Die Einrichtung heißt bei AMAZONE ›DüngerService‹ und wurde von Anfang an von unseren Kunden mit Begeisterung angenommen.

Düngertestlabor:

**2 kg Dünger reichen zur
Erstellung einer Streutabelle**

Technikzentrum AMAZONE

1993 wurde im Stammwerk ein neues Technikzentrum fertiggestellt. Dort sind die Konstruktionsabteilung, das ›Chefbüro‹ von Dr. Heinz Dreyer, der Kundendienst, die Patentabteilung und ein großzügiges Schulungszentrum untergebracht. Im Schulungszentrum können bis zu 60 Personen gleichzeitig informiert und geschult werden. Bei fortschreitender Technisierung der Landtechnik wird die Schulung der Verkäufer und auch der Landwirte immer wichtiger.

Schulungszentrum und Konstruktionsgebäude

Rückschlag 1993

Es ging aber nicht immer nur aufwärts bei AMAZONE. Wir haben gelegentlich auch schwere Rückschläge hinnehmen müssen, wie im Jahre 1993, als die Umsätze der gesamten Landmaschinenbranche starke Rückgänge zu verzeichnen hatten, so auch AMAZONE mit über 30 Prozent Umsatzschwund. Für einen Fertigungsbetrieb ist das ein großes Problem, besonders seitdem die Entlassung von Mitarbeitern mit hohen Abfindungen verbunden ist.

Darüber hinaus muss bei der Entlassung jeder Person die Zustimmung des Betriebsrates eingeholt werden. Dieser geht naturgemäß pragmatisch vor, d. h. er möchte nur diejenigen ›freisetzen‹, die zuletzt eingestellt und unverheiratet sind. Diese Mitarbeiter sind jedoch meist diejenigen, die gerade ausgelernt und/oder hochqualifiziert sind und im Betrieb dringend gebraucht werden. Sie sind für die erfolgreiche Arbeit in Zukunft unentbehrlich. Die Betriebsleitung dagegen sieht in einer Rezession auch die Möglichkeit, sich von Leuten zu trennen, die unzuverlässig und wenig leistungsfähig sind, unabhängig von ihrem sozialen Status. Im Fall von AMAZONE hat es über ein halbes Jahr gedauert, bis eine Liste mit denjenigen erstellt war, die wir entlassen durften. Dann endlich war eine Kompromisslösung mit dem Betriebsrat gefunden. Insgesamt waren bei AMAZONE in Gaste und Hude über 100 Mitarbeiter betroffen. Grundsätzlich fällt es besonders einem Familienunternehmen schwer, sich von Mitarbeitern trennen zu müssen, aber wenn die Existenz des Betriebes davon abhängt, sind Maßnahmen nötig, um die restlichen Arbeitsplätze zu erhalten und zu sichern.

Neue Halle – Spritzenfertigung

Neue Halle für die Spritzenfertigung

Für viele Unternehmen bedeutet eine Rezession dieses Ausmaßes das Ende, weil sie mit starken Verlusten verbunden ist. Nicht so bei AMAZONE: Hier wurden die Weichen rechtzeitig gestellt und die Lagerbestände schnell reduziert. Damit konnte die Liquidität des Unternehmens voll erhalten werden. Die Maßnahmen zur Bewältigung der Rezession haben im Gegenteil die Ausgangslage derartig verbessert, dass AMAZONE gestärkt aus der Krise hervorgehen konnte.

Wir haben sogar den Mut gehabt, trotz der Rezession ein riesiges Bauprojekt in Angriff zu nehmen: eine große, doppelstöckige Halle zur modernen Fertigung unserer Pflanzenschutzspritzen. Als sich die Lage der Landwirtschaft wieder normalisierte und besonders bei den Spritzen ein großer Mehrbedarf entstand, konnte AMAZONE die vergrößerte Kapazität nutzen, um den Marktanteil erheblich zu steigern. In einer Rezession eine große Investition in die Zukunft zu beschließen, ist eine riskante Angelegenheit. In diesem Falle war sie goldrichtig.

Pflanzenschutzgeräte

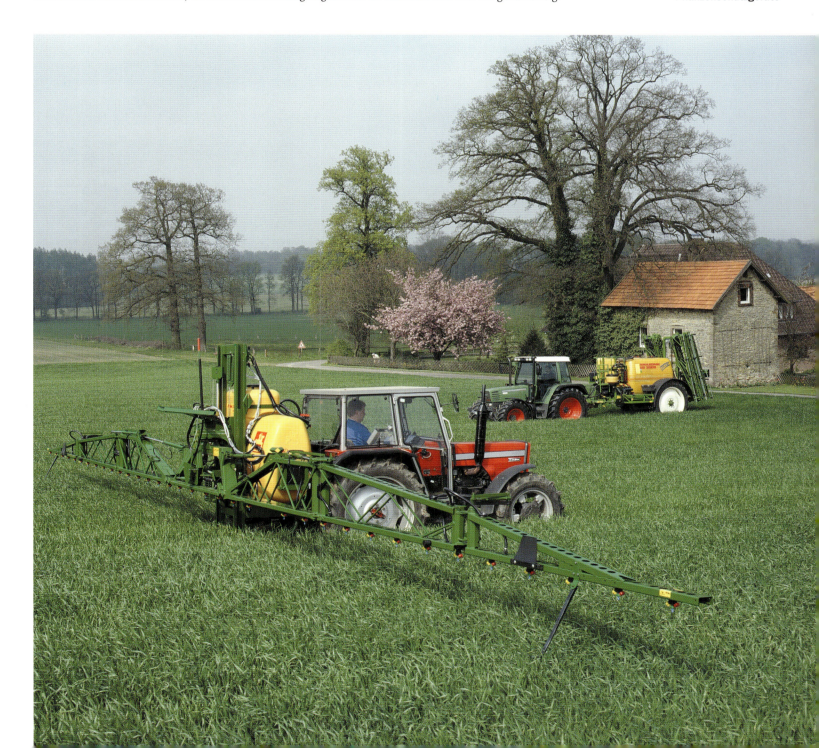

Führungswechsel in Hude

Das Jahr 1994 war wieder ein historisches Datum. In diesem Jahr trat Dr. Ing. Franz Große Scharmann in den verdienten Ruhestand Er war 1961 in die Dienste der AMAZONEN-WERKE (im Zweigwerk Hude) getreten, erst als technischer Leiter, ab 1971 dann als Werksleiter. Er hat unser Zweigwerk stets so geleitet, als wenn es seine eigene Firma wäre. Er baute das Werk zu seiner jetzigen Größe mit etwa 450 Mitarbeitern aus und schuf mit der Entwicklung der ersten modernen Säkombination einen wichtigen Meilenstein in der Landtechnik. Die AMAZONEN-WERKE würdigten die Leistungen von Dr. Ing. Große Scharmann mit einer Ehrenurkunde.

Die Herren Dipl.-Ing. Bernd Gattermann und Dipl.-Ing. Wilfried Schomäker traten seine Nachfolge an. Herr Gattermann übernahm die Leitung der Konstruktion, Herr Schomäker die Fertigung und den kaufmännischen Teil. Ersterer hatte bereits zu Zeiten von Herrn Dr. Ing. Große Scharmann erfolgreiche Konstruktionen abgeliefert, u. a. die kompakte Doppelrahmenkonstruktion der Kreiselgrubber und -eggen. Herr Dipl.-Ing. Wilfried Schomäker hatte zuvor unser Zweigwerk in Forbach sehr erfolgreich geleitet und war dort für die Konstruktion des *Grasshoppers* und des UG-Rahmens für die erste gezogene AMAZONE-Pflanzenschutzspritze verantwortlich. Außerdem ist er ein EDV-Spezialist und entwickelte gemeinsam mit der Firma Kienzle unser Organisationssystem, er ist sozusagen ein ›Universalgenie‹.

Pneumatische Sämaschine, 1995

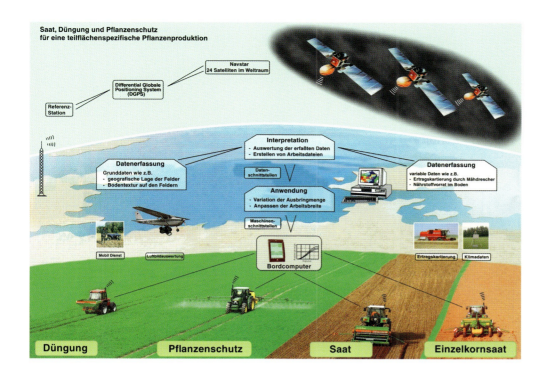

Links:
AMAZONE mit GPS

Rechts:
Bedienung Amatron

Pneumatische Sätechnik von AMAZONE

In der Sätechnik ist seit Jahren die pneumatische Sämaschine in Erscheinung getreten. Zwar hat dieses Prinzip bei kleineren Arbeitsbreiten keine besonderen Vorteile, jedoch gilt es als modern und wird schon deshalb verlangt. Allerdings hat es bei größeren Arbeitsbreiten wirkliche Vorteile, allein schon wegen der Möglichkeit der Verwendung eines zentralen Behälters mit großer Kapazität. Aus diesem Grunde und weil AMAZONE als Marktführer bei Sätechnik diesen Trend nicht verschlafen durfte, entwickelten wir ab 1995 eine pneumatische Sämaschine mit dem Namen AMAZONE *AD-P*. Dabei wird das Saatgut von einer zentralen Dosiereinheit aus dem Behälter gefördert und dann mittels Luft von einem Gebläse in einen so genannten Prallkopf geblasen und sternförmig den einzelnen Säscharen zugeteilt. Diese neue Sämaschine gibt es als Einzel- und Aufbaumaschine.

Letztere wird auf eine Packerwalze aufgebaut und kommt hinter Kreiselegge oder Kreiselgrubber zum Einsatz. Inzwischen werden die pneumatischen Sämaschinen in Arbeitsbreiten von 3 bis 12 Metern angeboten und wir bauen pro Jahr mehr als 1000 Stück davon. Auch auf diesem Sektor hat AMAZONE sich einen hervorragenden Ruf erworben.

Erster satellitengesteuerter Düngerstreuer

1995 brachte AMAZONE den ersten satellitengesteuerten Düngerstreuer auf den Markt. Das Verfahren wurde in Zusammenarbeit mit der schwedischen Firma DRØNNINGBORG entwickelt und dient der rationellen Ausbringung des Düngers auf großen Flächen. Mit dieser Methode wird der Dünger bedarfsgerecht angewendet, d.h. es wird nur so viel gestreut, wie der Boden braucht. Dazu wird vorher eine so genannte Schlagdatei von jedem Feld angelegt, in der die unterschiedlichen Bodenverhältnisse verzeichnet sind. Über Satellitensteuerung (GPS = Global Positioning System) wird daraufhin die Düngermenge automatisch dosiert. Dieses Verfahren wird mittlerweile auf einigen Großbetrieben eingesetzt. Auf diese Weise wird nicht nur viel Geld für überflüssig ausgebrachten Dünger gespart, sondern auch die Umwelt geschont, denn Dünger, der von den Pflanzen nicht aufgenommen wird, kann ins Grundwasser einsickern und dessen Nitratgehalt erhöhen.

AMAZONE ›ZA-X‹
in Aktion

Im gleichen Jahr 1995 wurde zuerst im Stammwerk in Gaste, später auch im Zweigwerk in Hude, eine Laserschneidanlage für je eine Million D-Mark angeschafft. Mit einer Laserschneid-anlage können komplizierte Blechteile noch schneller hergestellt werden, und zwar im CIM-Verfahren (Computer Integrated Manufactoring), d.h. die dafür erforderlichen Daten werden gleich aus dem Computer des Konstrukteurs in die Lasermaschine übertragen, die somit nicht mehr speziell programmiert werden muss. Mit dieser Investition ist AMAZONE noch schlagkräftiger und die Fertigung noch rationeller geworden. Die Anlage verfügt sogar über einen internen Computer, der die zu erstellenden Teile automatisch so ordnet, dass der Abfall minimiert wird.

Laser-Schneidemaschine

Rechts:
Das neue Ersatzteillager, 2000

Erster Düngerstreuer
mit einer Arbeitsbreite von 48 Metern

1997 stellte AMAZONE den ersten Düngerstreuer AMAZONE *ZA-M 4.2* mit einer Arbeitsbreite von 48 Metern vor. Er entstand natürlich wiederum aus der Feder Dr. Heinz Dreyers, dem Vater der modernen Zweischeibenstreuer. Der neue Düngerstreuer war ein Prototyp und besaß sogar vier Streuscheiben und zwei Behälter. Damit konnte er zwei verschiedene Streustoffe gleichzeitig ausstreuen. Das Interesse an diesem Streuer war jedoch noch nicht sehr groß, sodass dieses Projekt vorläufig noch zurückgestellt wurde. Er war wahrscheinlich seiner Zeit zu sehr voraus. Dafür wurde im Jahre 2001 der Dreipunktstreuer AMAZONE *ZA-M-ultra* erstmalig vorgestellt, ebenfalls mit 48 Metern Arbeitsbreite. Dieser wurde dagegen akzeptiert und in interessanten Stückzahlen abgesetzt.

AMAZONE ›ZA-M 4.2‹:
Düngerstreuer, mit dem
man zwei Sorten gleich-
zeitig streuen kann, und
das mit einer Arbeitsbreite
von 48 Metern, 1997

Zentrales Ersatzteillager im Stammwerk

1997 war für AMAZONE wieder ein Jahr der großen Investitionen. In dem Jahr wurde im Stammwerk ein zentrales Ersatzteillager in Betrieb genommen. Es ist eine Anlage mit Spitzentechnik. Für die kleineren Teile wurde ein automatisches Kleinteilelager (AKL) eingebaut. Die jeweilige Bedienperson ruft im Computer nur den Auftrag auf, dann kommen die gewünschten Teile automatisch auf einer Schublage, dem so genannten Tablar, angefahren. Die Bedienperson entnimmt und bestätigt die Entnahme des Teils und schon wird die Lade automatisch wieder an ihren Platz zurückgebracht und die nächsten Teile werden angeliefert. Die sperrigen Teile sind in so genannten Hochregalen gelagert, bei denen Kommissionierstapler die Entnahme ermöglichen. Auf dem Stapler zeigt ein Computer dem Fahrer, zu welchem Teil er sinnvollerweise als nächstes fahren sollte, damit Zeit und Wegstrecke gespart werden. Diese leistungsfähige Technik ermöglicht es, über 400 Aufträge, die bis nachmittags um 16 Uhr eingehen, noch am selben Tag auszuliefern, sodass sie schon am nächsten Morgen bei dem Kunden vor der Tür liegen. ›Time is money.‹

Dazu mussten natürlich die Ersatzteile von unseren Zweigwerken im Zentrallager angeliefert und richtig eingelagert werden; eine aufwändige Arbeit, die leider auch mit einigen Fehlern behaftet war. Dadurch kam es anfangs zu etlichen Falschlieferungen, aber seit einigen Jahren funktioniert diese Abteilung unter Leitung von Markus Hemmen tadellos und zur großen Zufriedenheit unserer Kunden. Sie bekommen ihre Ersatzteilbestellungen für das gesamte AMAZONE-Programm seitdem in einer Lieferung komplett vom zentralen Lager. Für uns und unsere Kunden ist diese zentrale Lösung einfacher und rationeller. AMAZONE war darüber hinaus eine der ersten Firmen, die alle aktuellen Ersatzteile im Internet präsentiert, was von unseren Kunden von Anfang an dankbar angenommen und genutzt wurde und wird.

Im gleichen Jahr 1997 wurde auch in unserem Zweigwerk Hude eine 1000 qm große Erweiterung der Abteilung Zuschnitt in Betrieb genommen. Dort werden u.a. auch die großen Säkombinationen AMAZONE *Xact* fertig montiert. Bei der AMAZONE *Xact* wird auf einer Arbeitsbreite von 6 Metern der Boden mit einem Kreiselgrubber bearbeitet, mit der Packerwalze rückverfestigt, mit der Sämaschine wird gesät und mit einem Striegel wird alles zugedeckt und geglättet.

Das Großteillager

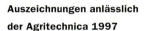

Auszeichnungen anlässlich
der Agritechnica 1997

Besondere Auszeichnungen für AMAZONE

1997 war auch geschäftlich ein gutes Jahr für AMAZONE. In diesem Jahr fand wieder die wahrscheinlich größte Landtechnikausstellung der Welt, die Agritechnica in Hannover, statt. Anlässlich dieser Ausstellung erhielt AMAZONE eine Gold- und zwei Silbermedaillen für fortschrittliche Entwicklungen, mehr als alle anderen Aussteller.

Im gleichen Jahr führte die Deutsche Landwirtschaftsgesellschaft (DLG) erstmals eine Befragung ihrer Mitglieder nach den ›besten Firmen in Deutschland‹ durch. Diese Befragung wurde in einem so genannten Imagebarometer veröffentlicht. Zu unserer großen Freude wurde in dieser Tabelle an AMAZONE der 6. Platz vergeben, ein schönes Ergebnis, wenn man bedenkt, dass auch die Traktoren- und Mähdrescherhersteller aus der ganzen Welt daran teilnahmen.

Vierte Fertigungsstätte von AMAZONE

Auch 1998 war für AMAZONE ein bedeutendes Jahr. Die AMAZONE-WERKE entschlossen sich, die Firma BBG (Bodenbearbeitungsgeräte) in Leipzig zu kaufen. Diese Firma hat eine besondere Tradition. Sie war aus der Firma RUDOLF SACK, Leipzig, hervorgegangen, vor dem Zweiten Weltkrieg der größte Pflug- und Drillmaschinenhersteller der Welt. Diese Firma wurde nach dem Zweiten Weltkrieg enteignet, erhielt den neuen Namen BBG Bodenbearbeitungsgeräte und stellte u.a. Pflüge, Grubber, Eggen und auch Pflanzenschutzspritzen her und beschäftigte zeitweilig über 3000 Menschen.

Nach der Wende 1989 wurde die Belegschaft bei BBG stark reduziert und verschiedene Firmen aus Westdeutschland, wie das Rabewerk und die Firma Kleine in Salzkotten, beteiligten sich an ihr. Allerdings waren die Aktivitäten dieser Firmen nicht erfolgreich und BBG ging in Konkurs. Jetzt übernahm AMAZONE das Unternehmen, da das Programm der BBG eine sinnvolle Ergänzung des AMAZONE-Programms darstellte. Die wichtigsten Produkte der BBG sind nach wie vor Grubber, Eggen und Walzen, also passive Bodenbearbeitungstechnik. Außerdem führte BBG anspruchsvolle Pflanzenschutztechnik, u.a. sogar eine selbstfahrende Spritze, mit im Programm. Das alles wurde zwar in einer hervorragenden Qualität, jedoch nicht wirtschaftlich hergestellt, obwohl die Lohnkosten deutlich unter dem Westniveau liegen. Darüber hinaus waren die Geräte teilweise nicht auf dem neuesten technischen Stand und mussten aufwändig überarbeitet und weiterentwickelt werden.

Die Mitarbeiter von BBG waren jedoch hoch motiviert und halfen mit ganzer Kraft, dieses Unternehmen wieder profitabel zu gestalten und zu altem guten Ruf zurückzuführen. Wir sind sicher, dass dies bald erreicht werden wird. Die nötigen Neuentwicklungen sind bereits erfolgreich abgeschlossen und auch der Betrieb hat schon die Voraussetzungen für eine

Das Emblem unserer Tochter
in Leipzig, vielen Leuten in
den neuen Bundesländern ein
Begriff, 1998

rationelle Fertigung geschaffen. Schon nach einem Jahr wurde der Platz für die Fertigung zu eng, wir haben bereits eine neue, zusätzliche Halle mit etwa 800 qm errichtet. Auch wurde ein großzügiges Informationszentrum geschaffen, in dem die Betriebsleiter der landwirtschaftlichen Großbetriebe im Osten Deutschlands speziell geschult werden. Inzwischen arbeiten schon wieder über 100 Mitarbeiter in Leipzig für AMAZONE-BBG und es geht stetig voran. Verantwortlich für die erfolgreiche Zukunft dieser jungen AMAZONE-Tochter sind die Herren Dr. Ing. Bernd Scheufler und Dipl.-Ing. Wilfried Schomäker, beide bewährte AMAZONE-Manager aus Gaste und Hude.

Fertigungsleiter in Leipzig ist Dipl.-Ing. Jorge Pollex, den wir aus dem Zweigwerk Hude abgezogen und nach Leipzig ›verpflanzt‹ haben. Der gute Geist der Firma ist Frau Dipl.-Ing. Dorit Gase, Leiterin der Verwaltung. Sie passt auf, dass alles seinen geordneten Gang nimmt. Sie kennt, wie auch einige andere wertvolle Mitarbeiter, die Firma noch aus den sozialistischen Zeiten. Sie wissen, worauf es ankommt, wenn wir das Unternehmen zum Erfolg führen wollen.

BBG Leipzig, die jüngste Tochter der AMAZONEN-WERKE, 1998

Vier Medaillen!

1999 fand wie alle zwei Jahre die Agritechnica wieder in Hannover statt und in diesem Jahr erhielt AMAZONE sogar vier Silbermedaillen für fortschrittliche Neuentwicklungen, ein großartiger Erfolg. Außerdem ist AMAZONE auf dem Imagebarometer einen Platz, auf Platz 5, aufgerückt. Darüber hinaus wurde uns noch eine besondere Auszeichnung zuteil: Der Präsident der DLG, Freiherr von dem Bussche, überreichte meinem Vetter Dr. Heinz Dreyer und mir für unsere 40-jährige erfolgreiche Unternehmertätigkeit und Innovationen in der Landtechnik eine Ehrenurkunde. Wir haben uns sehr darüber gefreut.

Vier Silbermedaillen und Auszeichnung der DLG für Dr. Heinz und Klaus Dreyer anlässlich ihrer 40-jährigen erfolgreichen Unternehmertätigkeit, 1999

Neue Farbgebung, 1999

Rechts:

KTL-Farbgebung

Farbgebung mit Automobilqualität

1999 war für AMAZONE das Jahr der größten Investitionen seit Bestehen der Firma. In diesem Jahr wurde u. a. im Stammwerk in Gaste eine neue Farbgebung gebaut. Dazu war eine sorgfältige Planung erforderlich. Die alte ›Malerei‹ sollte natürlich so lange erhalten bleiben, bis die neue Anlage einwandfrei funktionierte, damit keine Produktionsausfälle stattfanden. Andererseits musste die Farbgebung in den Fertigungsablauf integriert werden, das heißt, die Anlage sollte möglichst in der Mitte des Werkes platziert werden. Dort standen auch einige alte Lagerhallen zur Verfügung, die nicht dringend für die Fertigung gebraucht wurden. Allerdings war der Platz sehr eng. Aber mit der Hilfe unseres bewährten Betriebsleiters Dipl.-Ing. Karl Wilhelm Wiendieck, der schon bei AMAZONE gelernt und anschließend Maschinenbau studierte und als Betriebsleiter wieder zu AMAZONE kam, ist es gelungen, die umfangreiche Anlage auf dem vorhandenen Platz unterzubringen. Bei der neuen Farbgebung handelt sich um eine KTL-Anlage (Kathodisches Tauch-Lackieren), in der alle Maschinen und alles Zubehör durch Kataphorese elektrisch beschichtet werden und dadurch einen besonders guten Korrosionsschutz erhalten, ähnlich dem in der Autobranche.

Wichtigste Voraussetzung für eine sichere und gute Beschichtung ist eine vorherige gründliche Reinigung und Phosphatierung der Maschinen. Dieses geschieht in unserer Anlage in sieben verschiedenen Becken, die der Farbgebung vorgeschaltet sind. Danach werden die Maschinen in einem Durchlaufofen eingebrannt sowie in Decklack getaucht und erhalten so das gute Aussehen, das unsere Kunden von AMAZONE gewohnt sind. Der Decklack ist wasser-

Alte Gebäude

müssen weichen

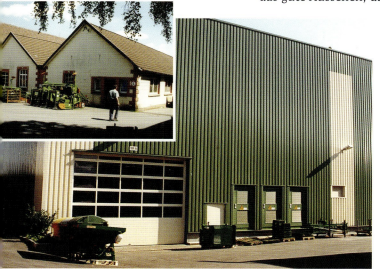

löslich und damit ökologisch unproblematisch. Überhaupt ist die gesamte Anlage so konzipiert, dass keinerlei Lösungsmittel in die Umwelt gelangen. Allerdings besitzt die Farbgebung auch ökonomische Vorzüge, da die Förderanlage automatisch funktioniert und die Teile nur noch an- und abgehängt werden müssen. Außerdem wird in dieser Anlage weniger Farbe verbraucht als vorher.

Nun ist unsere Farbgebung für die gesamte Branche vorbildlich, sie hat allerdings acht Mio. D-Mark gekostet. Die neue ›Malerei‹ wurde im Frühjahr 2000 in Betrieb genommen und arbeitete nach einigen Anfangsschwierigkeiten einwandfrei, sodass wir die alte Malerei ausräumen und umfunktionieren konnten. Dort wurde nach entsprechender Modernisierung die Endmontage der Düngerstreuer und der Einzelkornsäaggregate eingerichtet. Alle Maschinen und

Teile aus der neuen Farbgebung laufen automatisch in diese Abteilung, werden dort abgenommen und gleich fertig montiert oder in die Nachbarabteilung weitergeleitet. Diese praktische Lösung wird in Zukunft helfen, AMAZONE-Maschinen mit Spitzenqualität rationell und an hellen Arbeitsplätzen zu fertigen.

Christian und Justus Dreyer, die vierte Generation, hinter ihren Vätern Klaus Dreyer und Dr. Heinz Dreyer

Die vierte Generation der Dreyers

1999 erfolgte auch in der Geschäftsleitung ein wichtiger Wandel. Nach über 40-jähriger Tätigkeit übergab ich die Geschäftsleitung an meinen Sohn, Dipl.-Wirtsch.-Ing. Christian Dreyer, der die Leitung des Vertriebs übernahm. Er ist bereits seit 1994 für AMAZONE tätig und mit den Aufgaben bestens vertraut. Christian Dreyer schloss 1991 sein Studium des Wirtschaftsingenieurwesens an der Universität ITU in Hamburg ab. Seine ersten Praxiserfahrungen sammelte er bei der Firma ITAG in Celle, wo er im Rahmen seiner Diplomarbeit im Bereich Produktionsplanung tätig war. Von 1992 bis zu seinem Eintritt bei den AMAZONEN-WERKEN arbeitete Christian Dreyer für die Firma IXION in Hamburg als Verantwortlicher für Organisation und die Einführung bzw. Optimierung des EDV-gestützten PPS-Systems. Ein Tätigkeitsschwerpunkt war dabei die Einrichtung einer auftragsbezogenen Vor- und Nachkalkulation bei der Herstellung von Werkzeugmaschinen.

Ende 1998 trat auch Dipl.-Ing. Justus Dreyer, der Sohn meines Vetters Dr. Heinz Dreyer, nach seinem Maschinenbaustudium an der TU Braunschweig in die Geschäftsleitung ein. Vorläufig widmet er der Firma nur die Hälfte seiner Zeit, da er parallel an der Universität Hohenheim im Bereich Agrartechnik als wissenschaftlicher Mitarbeiter beschäftigt ist und dort auch promoviert. Damit sind die Vertreter der vierten Generation der Familie Dreyer in die Firma AMAZONEN-WERKE integriert und haben Verantwortung übernommen.

2001 war wieder ein Jahr der Agritechnica in Hannover und einmal mehr konnten wir uns besonders hervortun. Mit einem riesigen Stand von etwa 1500 qm haben wir uns über-

Philipp Dreyer, Sohn von Christian Dreyer, erster männlicher Vertreter der 5. Generation der Dreyers von den AMAZONEN-WERKEN. Er wird, wie seine Ur-Urgroßmutter, bereits in der Werbung für AMAZONE eingesetzt.

Stand auf der Agritechnica

zeugend präsentiert und unsere neu entwickelten Konstruktionen gezeigt. Dafür haben wir zwei Silbermedaillen erhalten und sind nun mit neun Medaillen bei drei Agritechnica-Ausstellungen die innovativste Firma der gesamten Branche. Außerdem haben wir in diesem Jahr unsere Position auf der Skala der besten Firma, die von der DLG erstellt wird, noch einmal um einen Platz verbessert und befinden uns nunmehr auf Platz 4. Wir werden uns alle Mühe geben, diesen Platz zu rechtfertigen. Diese Auszeichnung ist für uns eine große Ehre.

Und wieder konnten wir auch bei den Düngerstreuern ein neues Highlight setzen: mit dem von Dr. Heinz Dreyer entwickelten AMAZONE *ZA-M ultra iS*. Dieser Streuer hat eine maximale Arbeitsbreite von 48 Metern und verfügt über eine neue Teleskoptechnik an den Streuschaufeln, mit denen man sehr einfach und sicher die Arbeitsbreite variieren kann. Diese neue Maschine ist während der Agritechnica auf reges Interesse gestoßen. Im Jahre 2002 wurde davon eine Probe-Serie gebaut und erfolgreich zum Einsatz gebracht. Unsere Erwartungen wurden voll erfüllt, sodass wir uns entschlossen haben, im Jahre 2003 etwa 100 Streuer zu produzieren. Die Nachfrage nach dieser futuristischen Maschine ist sehr groß.

Wer hätte gedacht, dass die Düngerstreuer eine solche Entwicklung nehmen? Noch 1958 waren wir stolz darauf, einen Streuer präsentieren zu können, der bei guter Streuqualität eine Arbeitsbreite von 9 Metern erreichte, und im Jahre 2003 sind wir bei einer Arbeitsbreite von sage und schreibe 48 Metern bei exzellenter Streuqualität angekommen. Diese Arbeitsbreite wird wohl in absehbarer Zeit nicht zu steigern sein. Dafür wird jedoch die Arbeitsgeschwindigkeit sukzessive gesteigert. Mit modernen gefederten Traktoren ist bereits von 20 km/h auf dem Feld die Rede.

AMAZONE ›ZA-M ultra iS‹: das Flaggschiff der AMAZONEN-WERKE mit 48 Metern Arbeitsbreite, GPS-Steuerung und integrierter Wiegeeinrichtung

Eine erfreuliche Entwicklung

Auch das Jahr 2002 war bei AMAZONE durch eine sehr positive Entwicklung geprägt. Der Umsatz konnte im Jahre 2002 um 15 Prozent gesteigert werden, während die gesamte Branche durch BSE sowie Maul- und Klauenseuche Umsatzrückgänge verzeichnete. Und auch im Jahr 2003 wird AMAZONE das hohe Umsatzniveau halten können und damit einen Konzernumsatz von über 170 Millionen Euro erreichen.

Das Programm in Leipzig wurde mit einem Dreipunkt-Scheibengrubber vervollständigt. Wir gaben ihm den Namen *Catros*. Er wird in Arbeitsbreiten von 3 bis 6 Metern angeboten und hat innerhalb kürzester Zeit in der Kundschaft Begeisterung ausgelöst.

Unsere Tochter BBG macht uns mittlerweile viel Freude und wir sind stolz darauf, auch ein klein wenig dazu beigetragen zu haben, dass in den neuen Bundesländern Arbeitsplätze geschaffen wurden.

Eine besondere Bedeutung hatte das Jahr 2003 für unser Zweigwerk in Hude. In dem Jahr wurde uns das ca. 10 000 qm große Nachbargrundstück im Osten günstig angeboten. Auf diesem Grundstück befindet sich eine 3000 qm große und stabile Halle sowie eine Tankstelle mit drei Säulen. Die Halle wurde bis Ende 2002 als Supermarkt genutzt und im vorderen Teil befand sich ein griechisches Restaurant. Eine solch günstige Erweiterungsmöglichkeit erhält man nur einmal, daher haben wir ohne Bedenken zugegriffen.

Inzwischen haben wir die Anlage zu einem neuen Active-Center mit entsprechenden Schulungs- und Bewirtungsräumen umgebaut. Die Halle bietet genügend Platz, um das gesamte AMAZONE-Programm großzügig zu präsentieren. Außerdem nutzen wir ca. 1000 qm des

hinteren Teils zur Lagerung von Halbfertigteilen. Mussten wir bislang unser Fertigungsprogramm im Freien präsentieren, so haben wir nun die Möglichkeit, uns in jeder Beziehung optimal zu präsentieren. Die Tagungsräume werden auch von befreundeten Vereinen und Verbänden dankbar in Anspruch genommen. Die Tankstelle nutzen wir für unsere zahlreichen Werksfahrzeuge, die Dieselfahrzeuge werden sogar mit Bio-Diesel aus Rapsöl betankt.

Fig. 2.

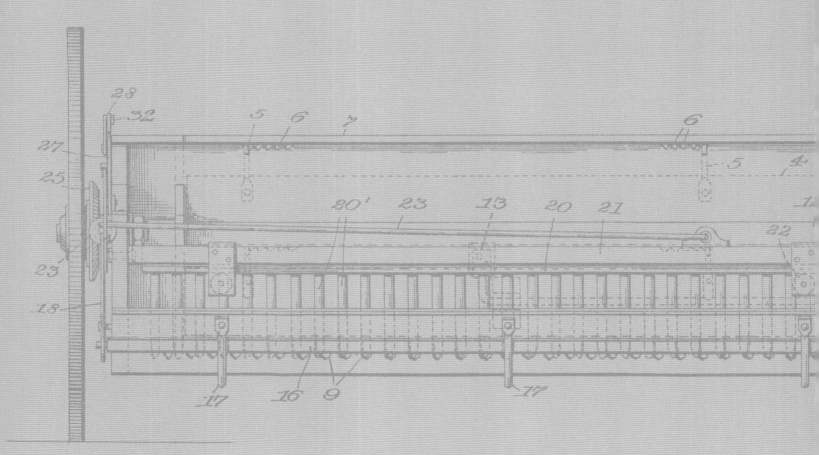

der Patentschrift 290492

Blatt II.

AMAZONE Produktübersicht

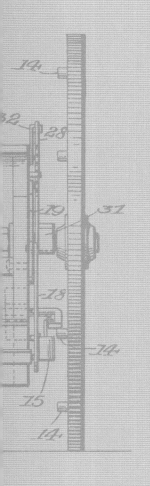

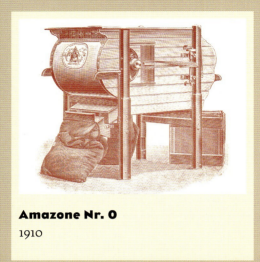

Amazone Nr. 0
1910

Amazone Nr. I
1910

Amazone Nr. 2
1910

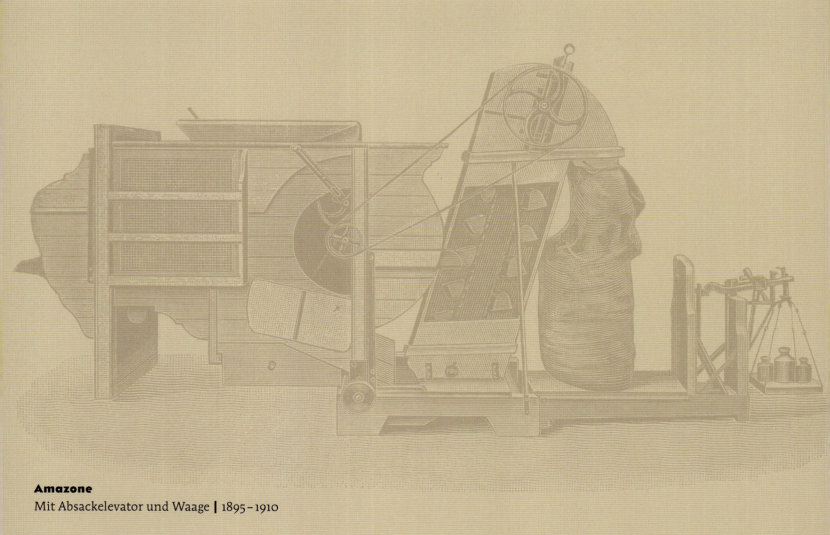

Amazone
Mit Absackelevator und Waage | 1895–1910

Amazone Nr. 3
1910

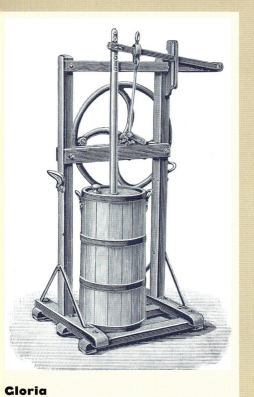

Gloria
Stoßbuttermaschine | 1898–1905

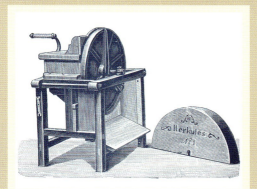

Herkules
Rübenschneider | 1899–1905

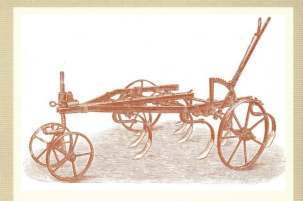

Siegfried
Federzahn-Kultivator | 1904–1911

Hadega
Arbeitsbreite: 1+2 m | 1931

Amazone HDG
1932

Amazone HDG
Arbeitsbreite: 4 m | 1938

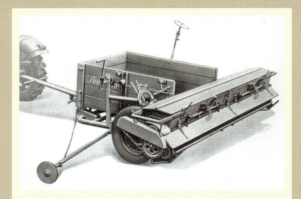

Amazone HDG
Arbeitsbreite: 2,00+2,50 m | 1952

BM 2 E Frontanbau-Düngerstreuer
Arbeitsbreite: 2,00+2,50 m | 1956

H 200 Z Zweisorten-Düngerstreuer
Arbeitsbreite: 2,00+2,50 m | 1956

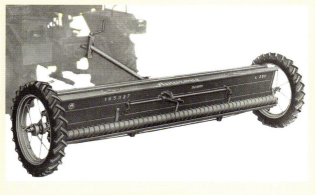

L 250 Leichtdüngerstreuer
Arbeitsbreite: 2,50 m | 1960

LZ 250 Zweisorten-Düngerstreuer
Arbeitsbreite: 2,00 + 2,50 m | 1966

Der neue

DÜNGERSTREUER „MICHEL"

MODELL 1927

Abbildung 1
»Michel« Nr. 3

D. R.
ente

D. R.
Gebr.-
Muster

Michel
Walzen-Düngerstreuer | 1927

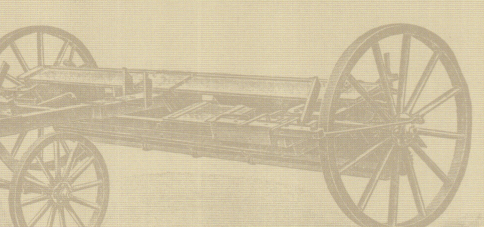

Zentrifugalstreuer, Gaste

ZA Zweischeibenstreuer
Arbeitsbreite: 10 m | 1958

ZA-S
Arbeitsbreite: 12 m | 1965

ZA-E
Arbeitsbreite: 15 m | 1972

ZG Großflächenstreuer
Arbeitsbreite: ca. 10 m | 1967

ZG-B 5000 Großflächenstreuer
Arbeitsbreite: ca. 12 m | 1985

ZA-F 804
Arbeitsbreite: 10–15 m | 1987

ZA-M I
Arbeitsbreite: 10–36 m | 1989

ZA-U Zweischeibenstreuer
Arbeitsbreite: 10–24 m | 1981

ZA-OC

Arbeitsbreite: 10–18 m | 1992

ZA-M Max

Arbeitsbreite: 10–36 m | 1995

ZA-X Perfect

Arbeitsbreite: 10–18 m | 1996

ZA-M ultra

Arbeitsbreite: 18–48 m | 2002

Pneumatikstreuer, Gaste

Jet 2000
Arbeitsbreite: 6–12 m | 1976

Jet 1200
Arbeitsbreite: 12 m | 1977

Jet 801
Arbeitsbreite: 10+12 m | 1980

Super-Jet 1600
Arbeitsbreite: 18–24 m | 1985

RE / REV / RED Rüttelegge
Arbeitsbreite: 2,50–3,00 m | 1967

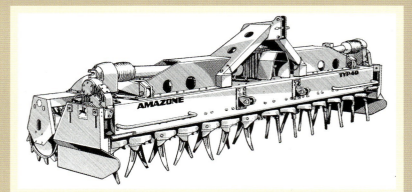

KG 40 SD Kreiselgrubber
Arbeitsbreite: 4 m | 1978

RE-D4 Säkombination: Rüttelegge, Sämaschine, Saatstriegel
Arbeitsbreite: 2,50–3,00 m | 1967

Frontrüttelegge (klappbar) mit
Sämaschine EV (6 m) | 1975

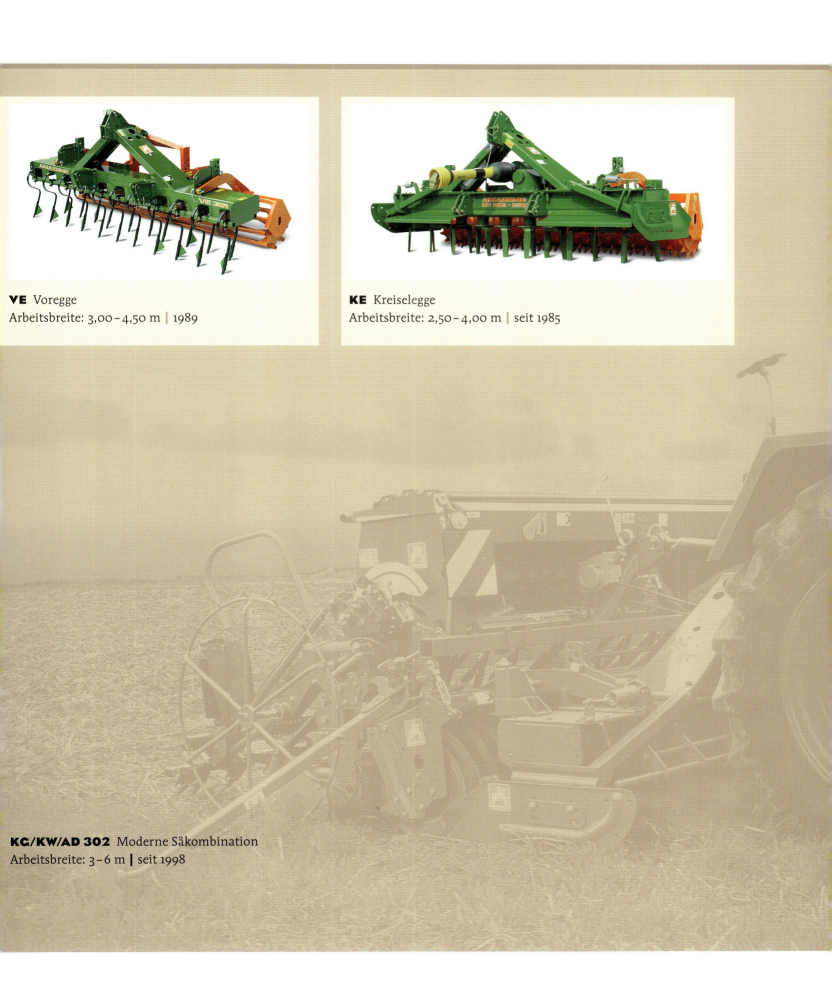

VE Voregge
Arbeitsbreite: 3,00–4,50 m | 1989

KE Kreiselegge
Arbeitsbreite: 2,50–4,00 m | seit 1985

KG/KW/AD 302 Moderne Säkombination
Arbeitsbreite: 3–6 m | seit 1998

Europak 9000 Saatbettkombination
Arbeitsbreite: 3–9 m | seit 1997

Taurus Scheibenegge
Arbeitsbreite: 3+4 m | seit 1975

Catros Kompaktscheibenegge
Arbeitsbreite: 6 m | seit 2001

AW Ackerwalze
Arbeitsbreite: 6,60–15,40 m | seit 1988

Pegasus Scheibengrubber
Arbeitsbreite: 3–6 m | seit 1999

Centaur Grubber-Scheibeneggen-Kombination
Arbeitsbreite: 3,00–7,50 m | seit 1999

S 340 Nova Pflanzenschutzspritze
Arbeitsbreite: 18–36 m | seit 1990

SF 430 selbstfahrende Pflanzenschutz-
spritze | Arbeitsbreite: 18–36 m | seit 1991

Sätechnik, Hude

D1
Sämaschine | 1947

D3
Drillmaschine mit ›Elite‹-Särad | 1953

D4
Arbeitsbreite: 3 m | 1964

EV
Arbeitsbreite: 5+6 m | 1970

D7
Arbeitsbreite: 3 m | 1972

Carant
Arbeitsbreite: 3–4 m | 1981

D9
Arbeitsbreite: 2,50–12 m | seit 1999

D 8
Arbeitsbreite: 2–4 m | 1985

NT 375
Arbeitsbreite: 3,75–11,25 m | 1987

RP-AD 302 Säkombination
Arbeitsbreite: 2,50–6,00 m | 1987

DMC Primera pneumatisch
Arbeitsbreite: 3–6 m | 1996

Airstar Avant Pneumatische Säkombination
Arbeitsbreite: 3–6 m | 1995

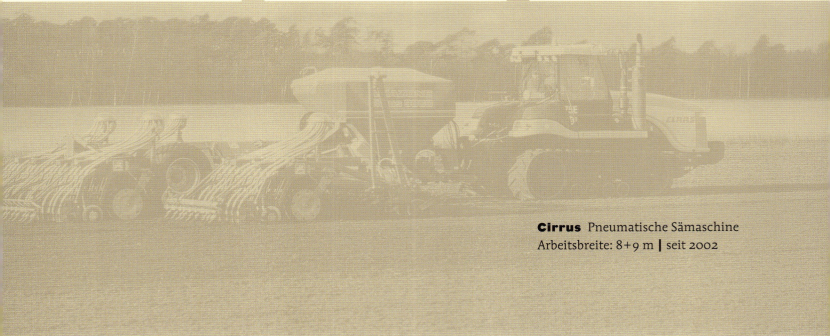

Cirrus Pneumatische Sämaschine
Arbeitsbreite: 8+9 m | seit 2002

Airstar Profi Pneumatische Sämaschine
Arbeitsbreite: 3,00 – 4,50 m **|** 1997

CeBe 12000 Pneumatische Sämaschine
Arbeitsbreite: 12 m **|** 2003

Airstar Primera Pneumatische Direktsämaschine
Arbeitsbreite: 6 m **|** 2002

Airplanter ED 300-4

4-reihig | 1987

Airplanter ED 450 K

6-reihig | 1989

ED 601-K

4- bis 12-reihig | 2002

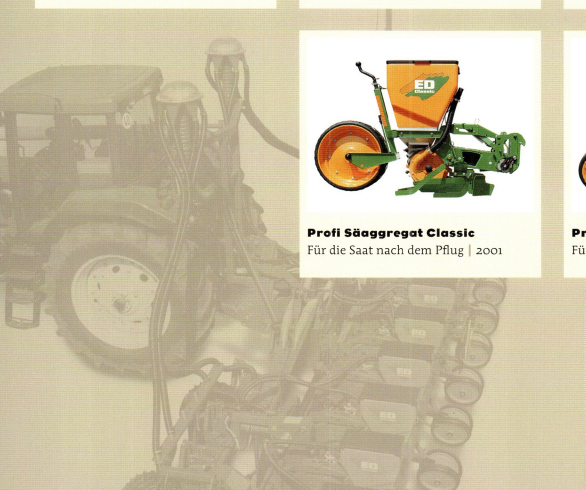

Profi Säaggregat Classic

Für die Saat nach dem Pflug | 2001

Profi Säaggregat Contour

Für die Mulch- und Direktsaat | 2001

ED 902-K

12-reihig | 2002

Pflanzenschutzspritzen, Gaste

US 602 T Anbauspritze
Arbeitsbreite: 10+12 m | 1973

S 402 T Feldspritze
Arbeitsbreite: 10+12 m | 1978

FT 802
Fronttank | 1991

UG 2200
Arbeitsbreite: 12–24 m | 1992

UG 4500 Magna
Arbeitsbreite: 12–28 m | 1992

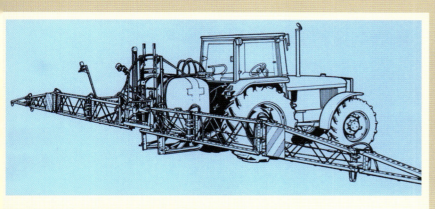

US 804 T / 1004 T / 1504 T Feldspritze
Arbeitsbreite: 12 – 20 m | 1987

US 404 T / 604 T Feldspritze
Arbeitsbreite: 10 – 16 m | 1989

UG 3000 Nova
Arbeitsbreite: 12 – 28 m | 2001

UF Anbaufeldspritze
Arbeitsbreite: 10 – 24 m | 2001

GBK

Grassäkombination | seit 1987

Profihopper

seit 1994

E+S

Winterdienst-/Düngerstreuer | seit 1997

ZA-XW

Weinbergstreuer | seit 1999

Grasshopper GH

Mit Bodenentleerung | seit 1985

Grasshopper GHS

Mit Behälterhochentleerung | seit 1990

GNK

Grasnachsaatkombination | seit 1991

Die Philosophie der AMAZONEN-WERKE

Die AMAZONEN-WERKE sind ein Familienunternehmen, nicht nur weil die Anteile der Firma vollständig in den Händen zweier Familien Dreyer liegen, sondern weil alle Beschäftigten eine große Familie darstellen. Das zeigt schon die geringe Fluktuation der Beschäftigten. Es kommt äußerst selten vor, dass einer unserer Mitarbeiter die Firma auf eigenen Wunsch verlässt. Allein im Jahre 2001 konnten im Stammwerk Gaste 18 Jubilare geehrt werden, im Jahre 2002 waren es sogar 20 Jubilare. Wir fühlen uns als ein mittelständiges Unternehmen, auch wenn wir in Umsatz und Anzahl der Beschäftigten aus dieser Kategorie herausgewachsen sind. Natürlich genießen alle unsere Werke in ihrer Region einen ausgezeichneten Ruf und unsere Mitarbeiter sind stolz darauf, in einer so erfolgreichen Firma tätig zu sein. Sie wissen, dass ihre Firma die volle Unterstützung von jedem Einzelnen braucht, und sie genießen es, in einer Firma zu arbeiten, in der ihr Arbeitsplatz sicher ist und bei der das Geld an jedem Monatsende pünktlich kommt. Es herrscht in den AMAZONE-Betrieben eine familiäre Atmosphäre, ›Mobbing‹ ist unbekannt und auch die Werke untereinander arbeiten freundschaftlich effizient zum Wohle des Gesamtunternehmens zusammen. Führungskräfte tauschen sich zeitweilig aus, um die Effektivität noch weiter zu erhöhen und um sich besser kennen zu lernen.

Es ist keine ›Bill-Gates-Karriere‹, die sich bei AMAZONE vollzogen hat, bei uns ging es in verhältnismäßig kleinen Schritten – mit zwei branchenbedingten Rückschlägen – stetig voran.

Damals wie heute:

Prospektseite von 1929

OHNE „AMAZONE" KEIN LANDWIRTSCHAFTLICHER BETRIEB!

Wie wird die „Amazone" in der Praxis beurteilt?

. . . Wie Ihnen bekannt, habe ich bereits für meine hiesigen Beispielswirtschaften vier „Amazonen" Nr. 1 beschafft, welche sich allgemeinen Beifalls erfreuen. So wurde mir neulich von einem Kleingrundbesitzer gesagt, daß es ihm nicht möglich gewesen wäre, auf einer R.-Maschine (Konkurrenzfabrikat) Kleesamen zu reinigen, während dies nach Mitteilungen des Inhabers der Beispielswirtschaft B . . . . . auf ihrer „Amazone" vorzüglich gelungen ist. Ganz besonders anerkenne ich aber die Vorzüge Ihrer „Amazone" zur Gewinnung von Saatgut in ihrer Benützung als Windfege mit Rücksicht auf die Regulieruhr. . . .
gez. Direktor A. Heymer,
Landwirtschaftskammer für die Provinz Ostpreußen.

Die von Ihnen bezogene Getreidereinigungsmaschine „Amazone" Nr. 1 hat sich großartig bewährt. Dieselbe bleibt auf jeder Stelle stehen ohne das geringste zu rütteln. Sie liefert sehr sauberes Getreide, daher kein Vergleich mit der Leistung von billigen anderen Maschinen. gez. Alb. Ziebarth.

Im vergangenen Jahr habe ich von Ihnen eine Reinigungsmaschine „Amazone" Nr. G 1 erhalten. Muß gleichzeitig bekennen, daß dieselbe zu meiner größten Zufriedenheit ausgefallen ist. . . . gez. W. Schulze.

. . . Die „Amazone" Nr. 2 ist zu meiner vollsten Zufriedenheit ausgefallen und bestelle noch eine „Amazone" Nr. 2. gez. Fr. Hellmer.

. . . Ich bin mit der mir übersandten Reinigungsmaschine „Amazone" Nr. 3 sehr zufrieden; sie arbeitet tadellos. gez. Ottilie Kropp.

Die Anfang August erhaltene „Amazone" Nr. 4 arbeitet zu meiner vollsten Zufriedenheit. Sie wird oft besichtigt, und wurden durch den Verein seitdem schon wieder etliche bestellt. Kann Ihnen heute schon schreiben, daß in kurzer Zeit schon wieder drei Stück bestellt werden. Es sind hier auch Konkurrenzfirmen, doch übertrifft die „Amazone" jede andere Maschine. gez. Mich. Rottenkolber.

. . . Die von Ihnen gelieferte Getreidereinigungsmaschine („Amazone" Nr. 4) ist zu meiner größten Zufriedenheit ausgefallen und werde ich dieselbe in meinem Bekanntenkreise weiter empfehlen. gez. Franz Bräuer.

Im September 1920 bezog ich von Ihnen eine Getreidereinigungsmaschine „Amazone" Nr. 4. Ich bin mit derselben sehr zufrieden und muß gestehen, daß sie allen Ansprüchen, die man an eine gute Maschine stellt, voll und ganz entspricht. Von meinen Bekannten wurde dieselbe schon mehrfach besichtigt, und erklärten diese einstimmig, daß sie bei Neuanschaffungen Ihre Firma bevorzugen würden. gez. Ludw. Walter.

20

Aber immerhin konnte allein in den letzten 40 Jahren der Umsatz von 10 Millionen auf über 300 Millionen D-Mark gesteigert werden, während viele Landmaschinenhersteller, darunter auch viele traditionsreiche Familienbetriebe, von der Bildfläche verschwunden sind. Teils wechselten sie die Branche, teils wurden sie von größeren Firmen übernommen und viele sind auch durch Konkurs ausgeschieden.

Typisch und gleichzeitig ungewöhnlich ist die hohe Fertigungstiefe, die bei AMAZONE praktiziert wird. Es werden nicht nur die meisten Werkzeuge und Vorrichtungen, ja sogar ganze Maschinen für die Fertigung selber hergestellt, sondern auch die meisten Getriebe, Hydraulikzylinder, Verschraubungen und Armaturen, ja sogar die meisten Kunststoffteile werden im eigenen Hause produziert. Die AMAZONEN-Betriebe liegen in ländlichen Gegenden und es sind viele Mitarbeiter aus der Landwirtschaft bei uns beschäftigt. Diese sind nicht nur hoch motiviert, sondern auch bestens qualifiziert. Mit ihnen kann man durchaus eine rationelle, weitgehend automatisierte Fertigung aufbauen und höchstwertige Qualität produzieren.

Dass die Preise der selbst hergestellten Teile auch günstig sind, kontrollieren unsere Einkäufer im eigenen Hause ständig sehr kritisch. Die Fertigung im eigenen Hause hat allerdings zusätzlich den Vorteil, dass die Logistik und die Qualitätskontrolle ungleich einfacher sind. Trotzdem werden einfache Teile auch von Zulieferern im In- und Ausland bezogen.

Die Hauptprodukte der AMAZONEN-WERKE sind Düngerstreuer, Sämaschinen, Kreiselgrubber und -eggen, Pflanzenschutzspritzen und pneumatische Einzelkornsägeräte. In allen

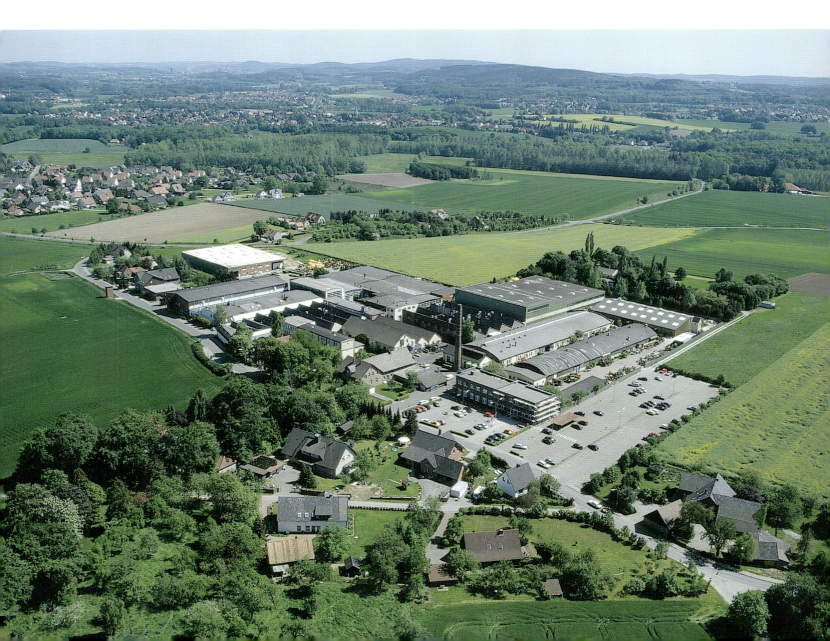

fünf Sparten ist AMAZONE im Jahre 2003 der Marktführer mit 25 bis 55 Prozent Marktanteil, eine unglaubliche Leistung. Das ist auch einer der Gründe, warum AMAZONE in der Imageskala der DLG unter den Geräteherstellern die beste Position besetzt.

Diese erreichten Erfolge werden uns trotzdem nicht leichtsinnig und übermütig machen, denn wir wissen, dass der Erfolg eine empfindliche Pflanze ist, die ständig gepflegt werden will. Wir wissen auch, dass es im Hause AMAZONE noch viele Dinge gibt, die wir verbessern können, ja verbessern müssen. Allerdings sind auch die Aussichten auf ein weiteres ›Wachsen, Blühen und Gedeihen‹ sehr gut, da die von uns in den letzten Jahren geschaffenen Neuentwicklungen auf großes Interesse gestoßen sind. Darüber hinaus ist unsere Konstruktionsabteilung dabei, unser Produktprogramm ständig weiterzuentwickeln, zu verbessern und zu komplettieren. Besonders die Maschinen für die Sätechnik für Großbetriebe und die neuen Bodenbearbeitungsgeräte aus Leipzig versprechen gute Chancen für die Zukunft. Diese werden wir nutzen, damit die Erfolge der AMAZONEN-WERKE sich weiter fortsetzen.

Umsatzentwicklung der AMAZONE-Gruppe (1948–2002)

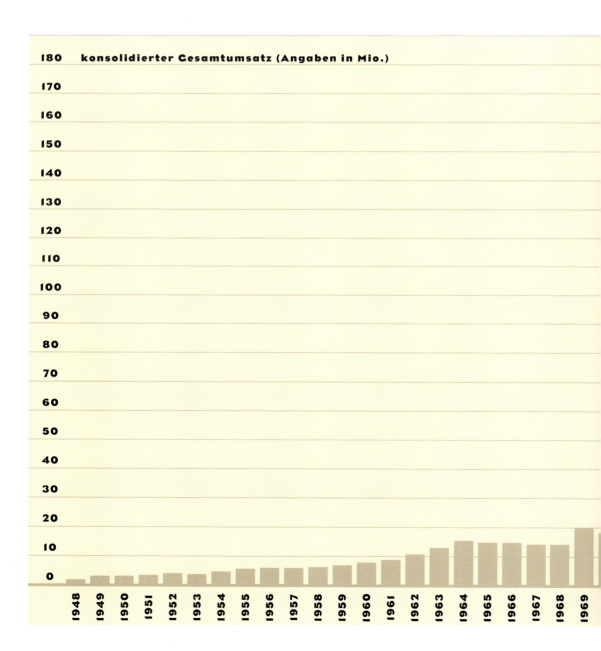

konsolidierter Gesamtumsatz (Angaben in Mio.)

AMAZONE-Erzeugnisse zeichnen sich durch folgende wichtige Merkmale aus:

- *Sie sind besonders stabil und zuverlässig.*
- *Sie liefern eine besonders gute Arbeitsqualität.*
- *Sie haben eine besonders hohe Leistung.*
- *Sie haben einen guten Wiederverkaufswert.*
- *Sie werden von einem leistungsfähigen Kundendienst betreut.*
- *Sie haben eine zuverlässige Ersatzteilversorgung.*

Mit diesen Vorzügen können ihre Besitzer bessere Ergebnisse erzielen als mit normalen Land-maschinen. Das heißt, es geht schneller mit weniger Kraftstoff, sie verbrauchen weniger Saatgut und Dünger und bringen trotzdem höhere Erträge. Damit bezahlen sie sich, besonders bei den größeren Betrieben, innerhalb kurzer Zeit selbst. Das heißt auf der anderen Seite: Schlechtere Maschinen sind geschenkt zu teuer, mit AMAZONE-Maschinen kann man Geld verdienen!

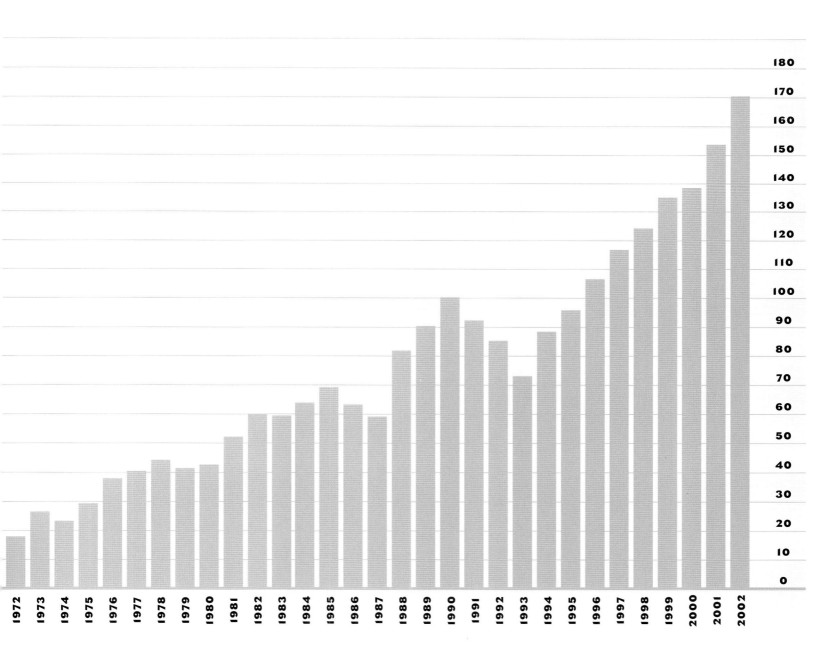

Impressum

Landwirtschaftsverlag GmbH
48084 Münster

© Landwirtschaftsverlag GmbH, Münster-Hiltrup, 2003

Das Werk einschließlich aller seiner Teile ist urheberrechtlich geschützt. Jede Verwertung außerhalb der engen Grenzen des Urheberrechtsgesetzes ist ohne Zustimmung des Verlages unzulässig und strafbar. Das gilt insbesondere für Vervielfältigungen, Übersetzungen, Mikroverfilmungen und die Einspeicherung und Verarbeitung in elektronischen Systemen.

Gestaltung: Designbüro Arndt + Seelig, Bielefeld
Lektorat: Dorothea Raspe, Münster
Gesamtherstellung: LV Druck im Landwirtschaftsverlag GmbH

Gedruckt auf chlorfrei gebleichtem Papier
Printed in Germany

ISBN 3-7843-3229-3